D1878216

शिवानी

प्रख्यात कथाकार शिवानी का जन्म 17 अक्तूबर, 1923 को विजयादशमी के दिन राजकोट, गुजरात में हुआ।

शिवानी की पहली रचना अल्मोड़ा से निकलनेवाली 'नटखट' नामक एक बाल-पत्रिका में छपी थी। तब वे मात्र बारह वर्ष की थीं। इसके बाद वे मालवीय जी की सलाह पर पढ़ने के लिए अपनी बड़ी बहन जयंती तथा भाई त्रिभुवन के साथ शान्तिनिकेतन भेजी गईं, जहाँ स्कूल तथा कॉलेज की पत्रिकाओं में बांग्ला में उनकी रचनाएँ नियमित रूप से छपती रहीं। गुरुदेव रवीन्द्रनाथ टैगोर उन्हें 'गोरा' पुकारते थे। उनकी ही सलाह कि हर लेखक को मातृभाषा में ही लेखन करना चाहिए, शिरोधार्य कर उन्होंने हिन्दी में लिखना प्रारम्भ किया। शिवानी की पहली लघु रचना 'मैं मुर्गा हूँ' 1951 में 'धर्मयुग' में छपी थी। इसके बाद आई उनकी कहानी 'लाल हवेली' और तब से जो लेखन-क्रम शुरू हुआ, उनके जीवन के अन्तिम दिनों तक अनवरत चलता रहा। उनकी अन्तिम दो रचनाएँ 'सुनहुँ तात यह अकथ कहानी' तथा 'सोने दे' उनके विलक्षण जीवन पर आधारित आत्मवृत्तात्मक आख्यान हैं।

1979 में शिवानी को 'पद्मश्री' से अलंकृत किया गया। उपन्यास, कहानी, व्यक्ति-चित्र, बाल उपन्यास और संस्मरणों के अतिरिक्त, लखनऊ से निकलनेवाले पत्र 'स्वतंत्र भारत' के लिए शिवानी ने वर्षों तक एक चर्चित स्तम्भ 'वातायन' भी लिखा। उनके लखनऊ स्थित आवास—'66, गुलिस्ताँ कालोनी' के द्वार लेखकों, कलाकारों, साहित्य-प्रेमियों के साथ समाज के हर वर्ग से जुड़े उनके पाठकों के लिए सदैव खुले रहे।

निधन : 21 मार्च, 2003; दिल्ली।

यात्रिक

शिवानी

राधाकृष्ण पेपरबैक्स

राधाकृष्ण पेपरबैक्स में
पहला संस्करण : 2007
चौथा संस्करण : 2023
This book is printed on **Print on Demand** Technology : 2024

राधाकृष्ण पेपरबैक्स : उत्कृष्ट साहित्य के जनसुलभ संस्करण

राधाकृष्ण प्रकाशन प्राइवेट लिमिटेड
जी-17, जगतपुरी, दिल्ली-110 051
द्वारा प्रकाशित

शाखाएँ : अशोक राजपथ, साइंस कॉलेज के सामने, पटना-800 006
पहली मंजिल, दरबारी बिल्डिंग, महात्मा गांधी मार्ग, प्रयागराज-211 001
1, अनमोल सोराबजी संतुक लेन, धोबी तलाव, मरीन लाइंस, मुम्बई-400 002
वेबसाइट : www.radhakrishnaprakashan.com
ई-मेल : info@radhakrishnaprakashan.com

Printed at : Rajkamal Prakashan P.Ltd.

मूल्य : ₹199

YATRIK
by Shivani

ISBN : 978-81-8361-158-9

क्रम्

चरैवेति

मॉस्को के प्रशस्त हवाई अड्डे पर हमारा ऐरोफ्लोट उतरा, तो सूर्य मध्य गगन में था। यह हवाई अड्डा एक अत्यन्त महत्त्वपूर्ण अड्डा है, यहाँ से नित्य एक-एक घंटे में चार-चार हजार हवाई यात्रियों का आवागमन होता है। प्रत्येक सप्ताह 15 उड़ानें इस शेरी मेटिथो अड्डे से उत्तरी एवं दक्षिणी अमेरिका की ओर प्रस्थान करती हैं, 32 अफ्रीका एवं दक्षिणी-पूर्वी अफ्रीका को, 65 यूरोपीय देशों को एवं अन्य 80 उड़ानें विभिन्न देशों को जाती रहती हैं। ऐसी चहल-पहल मैंने अन्य किसी हवाई अड्डे पर नहीं देखी। 300 यात्रियों को एकसाथ गोद में भर उड़नेवाली एयरबस और विभिन्न देशों के प्रतीक्षारत अचल वायुयानों को देख, सहज ही में अनुमान लगाया जा सकता है कि यह अड्डा कितना विशाल है। इसकी तुलना में हमारे देश का अंतर्राष्ट्रीय अड्डा किसी बालक के खिलौने-सा ही प्रतीत होता है।

एक क्षण को उस वायुयान संकुल हवाई अड्डे की अस्वाभाविक निस्तब्धता देख भय-सा लगा। कहीं हमें लेने कोई नहीं आया तो? मॉस्को हवाई अड्डे में किसी मेजबान का सहारा न हो, तो आगंतुक को अनेक कठिनाइयों से जूझना पड़ता है, यह चेतावनी भारत ही में मिल गई थी। हमारा तीन सदस्यीय नन्हा-सा डेलिगेशन गुरुदेव रवीन्द्रनाथ ठाकुर की 125वीं जन्म तिथि में भाग लेने मॉस्को गया था, विश्वभारती के कुलपति डॉ. निमाई साधन बोस, गुरुदेव की विशेष स्नेह भाजना बँगला की प्रख्यात लेखिका मैत्रेयी देवी और मैं। मैत्रेयी देवी बहुत वर्ष पूर्व भी मॉस्को आ चुकी थीं।

एक तो लम्बी उड़ान की थकान, उस पर वार्धक्य की क्लान्ति ने हवाई अड्डे पर किसी को न देख बुरी तरह झुँझला दिया था—"यह भी क्या? इतनी दूर से हमें बुलाया गया और लेने कोई भी नहीं आया, यह कैसा आतिथ्य है?"

हमने उन्हें धैर्य बँधाया, ऐसा नहीं हो सकता। कोई-न-कोई अवश्य आया होगा, किन्तु उन्हें धैर्य बँधाने पर भी हम मन-ही-मन निराश हो चले थे। स्वच्छ-सुघड़ हवाई अड्डे के भीतर गए, तो एक से एक कठोर मुखमुद्राधारी द्वारपालों से अकेले ही जूझना पड़ा। किसी कक्ष में स्वयं प्रविष्ट हों, तो सामान बारह धरें। कहीं सामान भीतर, तो हम बाहर! बार-बार पासपोर्ट से हमारे चेहरे मिलाए जा रहे थे और फिर किस पासपोर्ट का चेहरा, पासपोर्टधारी के चेहरे से आज तक मिला है? सबसे कठिन अग्निपरीक्षा थी, जब अन्तिम द्वार से हमारा बहिर्गमन हुआ, न जाने कितने फॉर्म भरवाए गए, कितनी कैफियतें माँगी गईं, फिर तन और मन से थके हम तीनों बिना भीख मिले भिखारियों-से दाता के द्वार पर खड़े थे कि एक दुबली-पतली आकर्षक युवती भागती-भागती आई। हमारी साड़ियाँ देख वह समझ गई थी कि हम कौन हैं! बार-बार क्षमायाचना में दोहरी होकर मरियम ने विशुद्ध हिन्दी में कहा, "दोष हमारा नहीं है। आप लोगों की उड़ान का टेलेक्स हमें अभी मिला। आप लोग बाहर चलिए। मैं अभी क्लियर कराके आती हूँ।"

बाहर हमारा दुभाषिया आर्काडी हमारी प्रतीक्षा कर रहा था। दुबला-पतला, सुनहले बाल, गोरा-भभूका चेहरा। हमें देखते ही वह खिसियानी-सी हँसी हँसा। आर्काडी बँगला के कवि जीवनानंददास पर शोध-कार्य कर रहा है एवं विशुद्ध बँगला बोलता है। देख हमें प्रसन्नता हुई, चलो डूबते को तिनके का सहारा तो मिला। चूँकि हम तीनों बँगला बोलते थे, इसी से हमें आर्काडी दुभाषिये के रूप में दिया गया था।

रूस में पग धरते ही जो पहली विशेषता हमें लगी थी, वह थी वहाँ के स्वस्थ चेहरे और स्वस्थ सड़कें। सड़कें क्या थीं, किसी प्रशस्त शुष्क महानदी का चौड़ा पाट। एकसाथ सौ कारें भी अगल-बगल चलें तो न टकराएँ। न भीड़, न कलरव, गुमसुम सहमी ठीक जैसे किसी जवान सद्यःविवाहिता को सहसा वैधव्य ने डस लिया है। उस दिन ईश्वर कृपा से मौसम बेहद सुहावना था, गुलाबी धूप और चारों ओर गहन हरीतिमा।

धीरे-धीरे हमने शहर में प्रवेश किया, तो उच्च सौंधों का स्थापत्य देख दंग रह गए। दर्शनीय भवन, ठोस स्तम्भ, सोने की पतरी से मढ़े गुम्बद, लगता था कई दर्शनीय मसजिदें कतार दर कतार खड़ी हैं। क्या यह भारत से बन्दी बनाकर लाए गए तैमूर के कारीगरों का चमत्कार था? और फिर उस सूर्य की प्रखर किरणों का इन पर सर्चलाइटी घेरा, सूर्य भी कैसा, जिसके अक्लान्त

सप्ताश्व रात के दो बजे तक गगनांगन में स्वच्छन्द विचरण करते रहते थे। धीरे-धीरे इस अद्भुत स्थापत्य की अनेक परतें खुलती चली गईं। रूसी ग्रैंड ड्यूक्स का ऐननसिएशन कैथीड्रल, इस कला के पीछे निःसन्देह युगों का इतिहास है। रूसी भवनों के इन कलात्मक गुम्बदों को देखकर लगा, रूसी क्रान्तद्रष्टाओं ने रूप के असंख्य रहस्यों को देखा था, किन्तु इनका देखा गया प्रत्येक रहस्य ज्यामितिक रहा होगा। छेनी का यह त्रुटिहीन सन्तुलन ही इन गोल गुम्बदों में कहीं वर्तुल, कहीं आयत और कहीं त्रिभुजाकारों में उभर आँखों को बरबस बाँध लेता है। मुझे बार-बार लग रहा था कि कला का यह तराजू में तुला सन्तुलन रूसी मन की उस कठोर अनुशासनप्रियता का ही प्रमाण है, जो खाने-पीने, साँस लेने की भाँति उसके जीवन का एक अंग बन गई है। वैसे कलामर्मज्ञों के अनुसार, सही सन्तुलन होने की अनिवार्यता, कला के लिए कोई माने नहीं रखती, कला के सन्तुलन उसे वैज्ञानिकता भले ही प्रदान करें, उसे किसी पैमाने में बाँधना उसे सुन्दर नहीं बनाता। यही कारण है कि भारतीय कला को भी कभी पाश्चात्य कलाविदों ने उपहास में उड़ाने की चेष्टा की थी, किन्तु आज वे उसी की व्यंजना शक्ति का लोहा मानते हैं। रूसी स्थापत्य में पैमाने की यही महत्ता प्रत्येक गुम्बद में स्पष्ट होकर निखरी है।

आज मॉस्को से साइबेरिया की ओर जाइए, तो एक दूसरा ही स्थापत्य देखने को मिलेगा—काठ के बने छोटे-छोटे मकान, नेपाल और तिब्बत की-सी ढालू नक्काशीदार छतें, द्वारों पर खिड़कियों के उभरे छज्जों पर काठ की अनुपम नक्काशी। कुछ मकान देखकर लगा, पहाड़ के ही किसी जनसंकुल मुहल्ले में खड़ी हूँ। एक बार मार्ग में ही कार रोककर हमारे मेजबान हमें एक ऐसा ही गुड़िया के घरौंदे-सा मकान दिखाने ले गए। मकान क्या था खिलौना था, जी में आ रहा था, हथेली में उठाकर धर लूँ। यह एक बहुत पुराना मकान है, कभी शहर के एक प्रतिष्ठित जमींदार ने इसे समरकंद के कारीगरों से बनवाया था और बनते ही उन्हें मृत्युदंड दे दिया था जिससे कोई दूसरा उनकी कलाप्रियता को न पछाड़ सके। ऐसा तो अपने देश के इतिहास में भी कहीं पढ़ा था, जब किसी निरंकुश सम्राट् ने अपनी किसी सुन्दर इमारत के बनते ही कारीगरों के दोनों हाथ काटकर तत्काल विचित्र पुरस्कार दे दिया था।

मॉस्को को चारों ओर से बाँधती धीर मंथर गति से गर्भिणी सर्पिणी-सी रेंगती मॉस्कटी नदी उसका एक बहुत बड़ा आकर्षण है। बड़ी रात तक नदी में तैरती भ्रमणार्थी आनन्दी भीड़ से उफनती दीर्घदेही नौकाएँ दूर से गंगा में

तैरते घृतदीपों-सी ही लगती हैं। एक दिन ऐसी ही नौका में बैठ हमने आधे शहर की परिक्रमा की तो रात के बारह बजे थे, पर माथे के ऊपर सूर्य चमक रहा था, चाहें तो ढेर-के-ढेर कपड़े धोकर उस धूप में सुखा लें। अनेक वर्तुलाकार पुलों से होकर हमारी नाव गुजरी, बड़ी अनिच्छा से हम एक घाट पर उतर गए। भूख से पेट की आँतें कुलबुला रही थीं। पन्द्रह दिन में एक दिन भी ढंग से खाना नहीं खाया था। निरामिषभोजियों के लिए मॉस्को में नित्य की एकादशी एक विवशता बन जाती है। अभी मैत्रेयी देवी का पत्र आया है, "भारत पहुँचकर जब दिल्ली-कलकत्ता की फलों की दुकानें देखीं, तो लगा हमारा देश कितना समृद्ध है।" रूस में तब फल और सब्जियाँ देखने को भी नहीं मिल रही थीं, केवल साइबेरियन सैलड अर्थात् कटा खीरा और सावर क्रीम, कभी-कभार नन्हा-सा एक टमाटर, चाहे खा लो, चाहे अँगूठी में जड़ लो! और फिर आइसक्रीम—डूबते को बस यही एक तिनके का सहारा रहता है। यह आइसक्रीम उनकी विशिष्टता है, कुछ-कुछ अपने लखनवी कुलफी नमेश का-सा स्वाद, फूल-सा हल्का और अत्यन्त स्वादिष्ट। जिह्वाग्र पर धरते ही पद्मपत्र में धरी शिशिर बिन्दु-सा कंठ में ढुलक जाता, उस पर परिवेशित करने से पूर्व एक रक्तिम सिरप प्रश्नचिन्ह-सा उभार दिया जाता, पर पूरे इक्कीस दिन जब नित्य यही खाना पड़ा, तो जी ऊब गया, पर वहाँ तो यही था कि खाओ तो कद्दू से न खाओ तो कद्दू से।

वैसे उनके कथनानुसार, उनके-से स्वादिष्ट केक कोई बना ही नहीं सकता, फूल-से हल्के केक की तह दर तह में विशुद्ध मधु, सिरप, मोटी आइसिंग, भले ही ऊपर की कशीदाकारी के बेलबूटों में कोई विशेष परिश्रम न किया गया हो, स्वाद में अतुलनीय। "कभी हमने यह केक पाक-निपुणता फ्रेंच लोगों से सीखी थी, पर अब इतने वर्षों में हमने उन्हें निश्चय ही पछाड़ दिया है।" एक दिन रवीन्द्रानुष्ठान में श्री कोटावस्की ने मुझे एक टुकड़ा थमाकर कहा, तो लगा कि उनकी गर्वोक्ति भित्तिहीन नहीं थी। रूसियों के मिष्टदन्त कुछ अधिक ही तीक्ष्ण हैं, केक हो या आइसक्रीम, प्रत्येक में मीठे की मात्रा इतनी अधिक रहती है कि एक छोटे-से टुकड़े से अधिक खाया नहीं जाता, किन्तु मैं नित्य ही कैफेटेरिया में ब्रेकफास्ट की प्रत्येक मेज पर इन मिष्टान्नों का स्तूप सजा देखती, और पल-भर में साफ। शायद यही कारण है कि वहाँ कृशोदरी, क्षीणकटि की स्वामिनी महिलाएँ कम ही देखने में आती हैं—जहाँ देखिए, वहीं बिल्वस्तनी-गुरु नितम्बिनी-विराट्काया महिलाएँ किन्तु एक विशेषता देख

आश्चर्य भी होता। कैसी मेदबहुल देह क्यों न हो, उनकी किसी किशोरी की-सी चपल फुर्ती देख दंग रह जाती, भारी शरीर उनकी कर्मठता को अलस नहीं बना पाता, चुस्त और बेहद फुर्तीली। रेस्तराँ की वेट्रेस हो या सड़क पर छोटी-मोटी दुकान लगा शीतल पेय, शहद, जैम बेचनेवाली बिसातिन, उनके पास सुरमण्डल के आकार का एक विचित्र कैलक्यूलेटर रहता है, जिसमें बड़े-बड़े मनके तारों में ऐसे ही गुँथे रहते हैं, जैसे हमारे किंडरगार्टन स्कूली बच्चों को गिनती सिखानेवाले अड्डे में रहते हैं, उन्हीं मनकों को इधर-उधर करके न जाने रूसी गणित के किन-किन सिद्धान्तों का पौना-सवाया गिन के एक पल में बिल बनाकर थमा देती हैं। न चेहरे पर हँसी, न ग्राहक के प्रति कौतूहल, किन्तु एक प्रश्न पूछने में सदा सजग—"आपके पास रूबल हैं? रुबली रुबली?" अँगुलियों से इशारा कर वे भाषा न समझने पर भी आपको भली भाँति समझा देंगी कि रूबल नहीं हैं, तो कृपया कहीं से प्रबन्ध कर आइए।

इक्कीस मंजिले उस होटल में हर दूसरे फ्लोर पर कैफेटेरिया रहता और तीन-चार रेस्तराँ। एक ओर नृत्य-गीत का मजमा, जिसमें वोदका का मद कभी-कभी मदालस भोजनरत भीड़ को मंत्रबद्ध कर फ्लोर पर नचाने लगता। पल-पल में बुझती-जलती रंगीन रोशनियों का घेरा—सबकुछ में एक सहज स्वाभाविकता रहती।

कभी-कभी तो मेरी साड़ी के प्रशंसकों की भीड़ मुझे घेर लेती—कोई आँचल की जरी पर हाथ फेरता, कोई मेरे सोने के कंकण देख, आश्चर्य से पूछता—Gold? और मेरे हाँ कहते ही उन्हें बड़ी ममत्वपूर्ण क्षुधार्त दृष्टि से देखने लगता। यहाँ मैंने किसी भी रूसी महिला को सोना पहने नहीं देखा। कानों में साइबेरियन स्टोन्स जड़े बेहद खूबसूरत कर्णफूल लगभग प्रत्येक महिला पहने रहती। इन साइबेरियन नगीनों में हैं 'ऐम्बर', 'फिरोजा' जिसे वे वीरोजा कहते हैं—'नैफ्रिटी' जिसे गुर्दे की बीमारी के लिए बड़ा प्रभावशाली माना गया है। प्रकृति का भी यह कैसा विचित्र करतब है कि हरे रंग के इस पत्थर में ध्यान से देखने पर एक गुर्दे के आकार की छाया उभरी दिखती है। 'ऐमूर' हल्के पीले रंग का एक बेहद खूबसूरत नगीना है, जिसकी माला रूस में महिलाएँ प्रायः ही पहने रहती हैं। कहा जाता है, लीसा ही साइबेरियन झील में टपक यह आकर्षक ठोस रूप ग्रहण करता है। इनका वीरोजा हमारे देश का फिरोजा ही है। यह दिसम्बर में जनमे जातक का भाग्योदय करता है। हमारे मेजबान ने बताया—यह अन्य नगीनों की अपेक्षा सस्ता भी है।

समय बीतता जा रहा था और होटल के कमरों में ही बन्द हमारा अधीर भारतीय चित्त कुलाँचें ले रहा था। मैत्रेयी दी न जाने कितनी बार विदेश भ्रमण कर चुकी थीं। पुराना तेज अभी भी चुका नहीं था। कभी-कभी दप्प से सुलग उठता, "पहले भी रूस आई थी गौरी।" वे मुझे कभी गौरी, कभी शिवानी और कभी गौरा कहकर पुकारतीं। मैं अब तक जान चुकी थी कि क्रुद्ध होने पर मेरा गौरी नाम ही उनके जिह्वाग्र पर आता। "पर तब क्या स्वागत हुआ था? फूलों से ढक दिया था हमें। सहसा भीड़ चीरकर एक वृद्धा ने झुककर मेरी साड़ी का आँचल थामा और आँखें मूँद माथे से लगा लिया। 'ऐसा क्यों कर रही हैं? क्या मेरी साड़ी इन्हें इतनी अच्छी लगी?' मैंने दुभाषिया से पूछा।

"उन्होंने मेरा प्रश्न वृद्धा तक पहुँचा, तुरन्त उत्तर दिया, 'मादाम, यह कहती हैं, आप पहली भारतीय महिला हैं, जिसे इन्होंने आज देखा है और यह पहली भारतीय साड़ी का आँचल है, जिसे ये माथे से लगा रही हैं। कह रही हैं, 'You have come straight from the pages of Arabian nights' और आज देखो गौरी, कोई हमें घास भी नहीं डाल रहा है।"

मैंने हँसकर उन्हें शान्त करने की व्यर्थ चेष्टा की, "मैत्रेयी दी, अब तो विदेशों में भी भारतीय टके के दो मिल रहे हैं, फिर आज मानवीय मूल्य सर्वत्र बदल गए हैं। अपने ही घर को लीजिए ना, वहाँ भी हम अब घर आए पाहुने का स्वागत उसी तरह उत्साह-उल्लास से कर पाते हैं? वहाँ भी तो यही हो रहा है—

पाहुना पाहुना
पहले दिन मनभावना
दूसरे दिन घिनावना!"

"जाने भी दो।" मैत्रेयी दी ने तुनककर कहा, "हमारे देश में तो अभी भी वैसी ही मेहमाननवाजी है। दूरदर्शन के पट पर देखती नहीं, आज एक विदेशी डेलीगेशन अजगर की-सी मोटी फूलमालाएँ पहने मुस्कराता दगदगाता खड़ा है, तो कल दूसरा! आज आगरा का ताज देखने जा रहे हैं, तो कल जयपुर का पिंक पैलेस।" रूस की इस रुखाई ने पहले-पहले मुझे भी क्षुब्ध किया, किन्तु धीरे-धीरे मुझे लगा, यह रुखाई उनकी स्वभावगत विवशता बन गई है। जिस देश ने एक ही शताब्दी में युद्ध की दो-दो विभीषिकाओं को झेला है और धीरे-धीरे अपनी कर्मठता, साहस और धैर्य से खोए वैभव को पाया है, उस देश को प्रकृति स्वयं शंकालु बना देती है। खुलकर, ठठाकर जो

हँसना वह भूल चुका है, उसे फिर से सीखने में उसे समय लगेगा। और फिर जो रुखाई, मानव की क्षति नहीं करती उसे हम क्षय नहीं कह सकते।

उधर हमारा क्षुब्ध होना भी अकारण नहीं था, हमारा अमूल्य समय होटल के कमरों में ही विनष्ट हो रहा था। खिड़की के काँचों से क्रैमलिन की शोभा कब तक उदरस्थ करें? हमें रवीन्द्रनाथ की 125वीं वर्षगाँठ में इतनी दूर से न्यौता गया और हम हाथ पर हाथ धरे बैठे ही समय गँवाए जा रहे थे। आज रवीन्द्रनाथ के घनिष्ठ सम्पर्क में आई पीढ़ी, धीरे-धीरे चुकती जा रही है। हमने आश्रमगुरु से जो पाया है उसे दोनों हाथों से उलीचने पर भी तो हम उस दुर्लभ गुरु को गुरुदक्षिणा नहीं दे पाएँगे, पर कहाँ मिल पा रहा था यह सुअवसर? रवीन्द्रनाथ ठाकुर को दार्शनिक रूप में, विश्वकवि के रूप में, समाज सुधारक के रूप में तो कितने ही जानते हैं और प्रतिपल जान रहे हैं, किन्तु एक स्नेही गुरु के रूप में, 'बाबा मोशाय' के रूप में कितनों ने अत्यन्त निकट से देखा है? उनका वही रूप तो है देखने लायक, जानने लायक। मैत्रेयी देवी के पास न जाने कितने ऐसे अन्तरंग क्षणों की मंजूषा ठसाठस भरी पड़ी थी, किन्तु उन्हें कुछ ऐसे ही दुर्लभ संस्मरणों की पोटली खोलने का अवसर ही कहाँ मिल रहा था?

होटल के नीरस क्षणों का एकमात्र अवलम्ब थे रामकृष्ण मिशन, कलकत्ता से उपचार के लिए पधारे श्री लोकेश्वरानन्दजी। मैं प्रायः ही उनके पास जा बैठती और उनके वचनामृत, स्निग्ध, शान्त, सौम्य व्यक्तित्व नीरस प्रवास की उबान को कपूर के धुएँ-सा उड़ाकर रख देता।

हमारे दुर्भाग्य से हमारे युवा दुभाषिए का विवाह भी हफ्ते-भर पहले ही हुआ था, इसी से 'अली कली' से बिंधा बेचारा आर्काडी प्रायः ही विलम्ब से आता, निर्धारित समय पर हम किसी भी आयोजन में पहुँच नहीं पाते या विलम्ब से पहुँचते। अकेले कहीं जाने का प्रश्न ही नहीं उठता था, क्योंकि रूसी अक्षरों की दुरूह बारहखड़ी हमारी समझ से बाहर थी। जीवन में पहली बार, आश्रम के अपने नृत्यगुरु केलू नायर की सिखाई कथकली हस्तमुद्राएँ काम आईं, किन्तु फिर भी अपनी प्रदर्शनपटुता पर कभी-कभी भय होता, कहीं कुछ-का-कुछ समझ बैठे! बहुत पूर्व एक चुटकुला पढ़ा था। जापान में किसी सेमीनार में भाग लेने आए एक वयोवृद्ध वैज्ञानिक को एक प्रख्यात होटल में ठहराया गया। होटल के महा उत्साही युवा मैनेजर ने उनकी अभ्यर्थना में कोई कसर नहीं छोड़ी। आलाप केवल मुद्राओं में ही चलता था। रात को उसने कुछ

खिसियायी-सी हँसी हँसकर एक विचित्र प्रश्न पूछा। पहले तो बुजुर्ग अतिथि समझ नहीं पाए, जब समझे, तो चेहरा लाल पड़ गया। हाथ के ही इशारों से उन्होंने उसे अपनी भग्नदंतपंक्ति, मोटी लैंस का चश्मा, झुकी कमर दिखाकर स्पष्ट करने की चेष्टा की कि उनकी इस ढलती उम्र में शय्यासंगिनी जुटाने का उसका प्रस्ताव हास्यास्पद है। वह विनम्रता से दोहरा होकर, फिर वही खिसियायी हँसी हँसकर चला गया। थोड़ी ही देर में, जब उक्त बुजुर्ग अपने हमाम के उष्ण जल में निमग्न, आनन्ददायक स्नान की मुद्रा में लेटे, तो द्वार खटका। सोचा, होटल का ही कोई बैरा होगा, "आ जाइए।" उन्होंने वहीं से कहा। वही उत्साही मैनेजर द्वार पर खींसें निपोरे खड़ा था, पर अकेला नहीं, उसके साथ एक वयःभार नमिता वृद्धा थी। झुकी कमर, भग्नदंतपंक्ति और आँखों पर मोटी लैंस का चश्मा।

किन्तु, आर्काडी विशुद्ध बँगला बोलता था। जब भी आता एक आनन्दी तृप्त हँसी से उसका चेहरा सदा उद्‌भासित रहता। हमें किसी प्रकार का कष्ट न हो इसका वह पूरा ध्यान रखता, किन्तु बेचारा करे क्या? उसके मस्तिष्क की बनावट ही शायद विधाता ने कुछ ऐसी चक्करदार बना दी थी कि मस्तिष्क के सन्देश कुछ विलम्ब से ही उसे कर्मपथ पर अग्रसर करते, जिसका दुष्परिणाम हमें कई बार भोगना पड़ा। एक बार तो ऐसा ही हुआ कि श्री गोर्बाचोव जिस गोष्ठी की अध्यक्षता कर रहे थे उसमें हम आर्काडी के ही विलम्बित आगमन के कारण जा नहीं पाए। आते ही उसने अपनी दूधिया हँसी से कैफियत दे दी, "घूमिये पड़े छिलाम।" (सो गया था)।

"ऐमन हांशी छेलेटार जे किछू बलाओ जाय ना।"

(ऐसी हँसी है लड़के की कि डाँटा भी नहीं जाता।) निमाई बाबू ने कहा।

सचमुच एकदम ही दन्तहीन भोले शिशु की-सी हँसी थी आर्काडी की। भारतीय संस्कृति से उसका अद्‌भुत अनुराग था। जब भी आता, स्वामी प्रभुपाद की मखमली जिल्दवाली अनेक लुभावनी पुस्तकें उसके साथ रहतीं। साइबेरिया की सात घंटे की थकानप्रद उड़ान हो या किसी मीटिंग की प्रतीक्षा, वह चट से अपनी पुस्तक खोलकर बैठ जाता और मुझ पर प्रश्नों की दुनाली दागने लगता, "मध्य युग का भक्ति आन्दोलन बुद्धि विरोधी क्यों था? उसमें ज्ञान से अधिक भावना पर बल क्यों दिया जाता था?" आदि-आदि।

कभी-कभी मैं उत्तर देते-देते थक जाती, पर वह प्रश्न पूछते-पूछते नहीं थकता था। एक तो मॉस्को से साइबेरिया की लम्बी उड़ान, आसपास में

मँडराती, सड़े महुए की-सी रूसी मद की दुर्गन्ध, भक्ति आन्दोलन-सम्बन्धी प्रश्नों का उत्तर देने के लिए सर्वथा बेमेल परिवेश, किन्तु फिर भी बिना धैर्यच्युत हुए उसकी जिज्ञासा का समाधान करने की चेष्टा करती। उस बेचारे का क्या दोष? मनुष्य स्वभावतः मूल्यान्वेषी प्राणी है, जिस व्यक्ति में मौलिक मूल्यानुचिन्तन के प्रति ईमानदार निष्ठा होती है, उसी में ऐसी जिज्ञासा हो सकती है। आर्काडी की जिज्ञासा एवं चिन्तन प्रवृत्ति में मिथ्याडंबर नहीं था। जितने बुद्धिजीवियों, लेखकों, चिन्तकों से मैं मिली, प्रत्येक में भारत की संस्कृति के प्रति यह सहज निष्ठा मैंने पाई। टैगोर का तो नाम लेते ही वे गद्गद हो जाते हैं। जो स्थान रूसी हृदय में 'तागोरा' के लिए है, वह शायद विदेश में अन्यत्र कहीं देखने को भी नहीं मिलेगा।

एक रूसी युवती ने आत्मविभोर होकर जब गाया :

हृदय आमार नाची रे आजी के
मयूरेर मत नाचि रे
शत वरनेर भव उच्छास
कलापीर मत करछे विकास
आकुल परान आकाशे चाड़िया
उल्लासे करे जाचि रे—

तो लग रहा था, वह स्वयं मयूरी बनी उस परिवेश से कहीं दूर, किसी नृत्यरत मयूर को देखती गा रही है।

"मैंने कलकत्ते में कुछ वर्ष बिताकर बड़ी लगन से ही रवीन्द्र-संगीत सीखा है।" उसने मुझे बताया।

भारत के प्रति रूस का यह सांस्कृतिक रुझान देख दो वर्ष पूर्व लन्दन में देखा एक दूरदर्शनी कार्यक्रम याद हो आया। 1983 में प्रसिद्ध अभिनेता औरसन वेल्स ने प्रख्यात रहस्यमय भविष्यवक्ता नोस्ट्राडेमस की भविष्यवाणियों पर यह अत्यन्त लोकप्रिय दूरदर्शनी कार्यक्रम तैयार किया था। चार सौ से भी अधिक वर्ष पहले दिवंगत यह विलक्षण फ्रांसीसी यहूदी भविष्यद्रष्टा ही वह सिद्धपुरुष था, जिसने चार सौ से भी अधिक वर्ष पूर्व बीसवीं सदी के दो-दो भीषण युद्धों की भविष्यवाणी ही नहीं की, हिटलर का नाम भी बता दिया था। 'सेंच्युरीज' नामक अपनी काव्यात्मक रचना में उसने लगभग 2500 भविष्यवाणियाँ कीं, जिनमें से आज लगभग 800 पूरी हो चुकी हैं। ऐसी आश्चर्यजनक रचना की कोई वैज्ञानिक व्याख्या नहीं की जा सकती। निश्चय

ही उस अलौकिक युगपुरुष को किसी दिव्यदृष्टि का वरदान प्राप्त था। उसी ने यह भविष्यवाणी की है कि भारत अपने अत्याचारी समुदाय को विनष्ट कर, एक बार फिर अपना प्राचीन प्रभाव स्थापित कर लेगा। ऐसा अमर शासक भारत ही उत्पन्न करेगा और अपनी असीम क्षमता से वह समस्त विश्व को अपने समक्ष नतमस्तक कर देगा। इसी भविष्यवक्ता ने स्पष्ट संकेत दिया है कि साम्यवादी देशों में रूस ही ऐसा प्रथम देश होगा, जो भारत के हिन्दू दर्शन को अपनाएगा।

एक फ्रेंच लेखक ने भी मृत्यु के कुछ ही क्षण पूर्व श्री रामकृष्ण परमहंस के भविष्यकथन को उद्धृत किया है कि वे भारत के उत्तर-पश्चिम में अर्थात् रूस में पुनर्जन्म लेंगे। क्या रूसवासियों का भारतीय दर्शन के प्रति यह अनुराग, यह जिज्ञासा, उस प्रख्यात भविष्यवक्ता की भविष्यवाणी का समर्थन नहीं करती? वह केवल भविष्यवक्ता ही नहीं था, एक अलौकिक दिव्य सिद्ध युगपुरुष था, जिसका 1555 में ही यह भविष्यकथन प्रकाशित हुआ था कि 1942 में ब्रिटिश साम्राज्य नेस्तनाबूद हो जाएगा, उस समय न ब्रिटिश था, न उसका साम्राज्य! इसी से जब उस यहूदी विलक्षण भविष्यवक्ता की अस्पष्ट चौपदी की स्पष्ट व्याख्या यह संकेत देती है कि भारत और रूस की मैत्री 'हेममृगस्य जन्म'-सी असम्भव नहीं है, तो लगता है, उसकी दिव्य दृष्टि ने शायद भविष्य की झलक ठीक ही देखी थी, किन्तु यह भी कैसी विडम्बना है कि हमारी जातीय भारतीय आत्मा ही आज उच्चकोटि के चिन्तन-मनन के प्रति उदासीन होती जा रही है। या तो वह केवल अपने अतीत की थैली टटोलती है, या फिर पश्चिम की ओर भागती है, किन्तु केवल अतीत की ओर मुड़-मुड़कर देखना या पश्चिम का अन्धानुकरण हमारे हित में नहीं है। अतीत का गौरव या हमारा अध्यात्म हमारे लिए आज भी उपयोगी है, किन्तु केवल अतीत की अन्तर्दृष्टियाँ ही हमारी प्रगति के लिए पर्याप्त नहीं हैं। यदि ईमानदारी से स्वीकार करें, तो हम अपने अतीत की ज्ञान राशि का भी उचित उपयोग नहीं कर पा रहे हैं जबकि भारतीय संस्कृति को समझने-सीखने का विदेशियों में ऐसा अदम्य उत्साह एवं लगन है।

आज मनुष्य के भौतिक एवं ऐतिहासिक जगत का पूरा खाका ही निरन्तर बदल रहा है। हमारी संस्कृति की कुछ अन्तर्दृष्टियाँ भले ही समयातीत एवं रूढ़िवादी बन गई हों, उसके कुछ तत्त्व, हमारे लिए आज भी उतने ही महत्त्वपूर्ण हैं। एक ओर, हम भौतिक जीवन स्तर को पश्चिमी जीवन स्तर के समक्ष लाना

चाह रहे हैं, दूसरी ओर आधारभूत नैतिक-सामाजिक मूल्यों के प्रति हमारी हृदयहीन उदासीनता हमें लगातार नीचे खींच रही है। आज, जब विभिन्न जातियों की देशगत दूरी खत्म हो गई है, हमारे लिए विभिन्न समाजों की विभिन्न प्रथाओं, उनके रहन-सहन, नैतिक चरित्र को देखना अत्यन्त सरल हो गया है। इतना हम सब जानते हैं कि विभिन्न देशों, या विभिन्न भौगोलिक प्रदेशों में, विभिन्न देशवासियों का सांस्कृतिक अनुभव अलग-अलग होता है। कहीं बौद्धिकता का स्वर प्रखर होता है और कहीं वह भौतिक और सामाजिक दोनों धरातलों पर खरा व्यावहारिक। ऐसे भाग्यशाली देश बहुत कम हैं, जहाँ वैज्ञानिक एवं उच्चकोटि की नैतिक-सामाजिक प्रगति दोनों का स्तर बहुत ऊँचा हो।

मॉस्को में भले ही मैं पूरा महीना भी नहीं रह पाई, फिर भी मुझे इस संक्षिप्त अवधि में भी यह एक ऐसा ही दुर्लभ देश लगा जहाँ वैज्ञानिकता और मूल्यगत जिज्ञासा दोनों हैं। यद्यपि कभी-कभी रवीन्द्रनाथ के नाटक 'ताशेरदेश' की वह पंक्ति बार-बार याद हो आती थी कि 'घाड़ बाँकियो ना गो!' कि गर्दन मत हिलाना, खबरदार! यहाँ के आईन-कानून तुम्हें बाँध लेंगे। रूस एकदम अपराधमुक्त भले ही न हो, अपराध यहाँ बहुत कम होते हैं, शायद इसलिए कि यहाँ की दंड-व्यवस्था सबके लिए एक-सी है। हमारे देश की भाँति यह नहीं कि मंत्रीपुत्र ने कार भिड़ा दी, तो एक ही ऊँची सिफारिश ने उसे मुक्त करा दिया। या बिना टिकट सफर कर रहे किसी ऊँची पहुँचवाले यात्री ने बेझिझक चेन खींच गाड़ी रोक ली और अपने गाँव की सीमा पर उतर गया। इस कटु सत्य को स्वीकारने में हमें संकोच नहीं होना चाहिए कि हमारे देश में भले ही भौतिक उन्नति का स्तर पहले से ऊँचा हो गया हो, हमारी सामाजिक ईमानदारी का स्तर निश्चित रूप से गिरा है।

इस बात का मैंने स्पष्ट रूप से अनुभव किया कि भले ही वहाँ के नागरिकों में हमारी विनम्रता, सहिष्णुता न हो, उनके सामाजिक न्याय तथा सामाजिक नैतिकता का स्तर हमसे कहीं ऊँचा है। सम्भवतः इसका एक कारण है, बेकारी का अभाव, सामाजिक समानता, जाति या धर्मगत शत्रुता का न होना एव हथियार न रखने के कठोर नियम। नागरिक शान्ति, जान-माल की सुरक्षा की पूर्ण जिम्मेदारी वहाँ की सेना पर रहती है, इनका काम, केवल अपराधों की गणना ही नहीं है उनकी जाँच एवं रोकथाम भी है, इसके लिए उन्हें जनता का सहयोग बराबर मिलता रहता है। उदाहरण के लिए, रात की गश्त के लिए

नागरिक स्वयंसेवी जत्थे बनाकर सेना को अपना सहयोग देते हैं। ऐसा नहीं है कि वहाँ अपराध होते ही नहीं, किन्तु उनके अधिकांश अपराध शराबियों तक ही सीमित रहते हैं। अमेरिका या यूरोप में ऐसा निरापद प्रवास भारतीय भ्रमणार्थियों को नसीब कम ही होता है। मुझे याद है कि लन्दन में कुछ ऐसे स्थान थे, जिनके लिए भारतीयों को सावधान कर दिया जाता था कि उन स्थानों में जाना उनके लिए निरापद नहीं है। ट्यूब में भी जाने के लिए भारतीयों को 'मगिंग' से सावधान किया जाता था कि कुछ मदमत्त पंक भारतीय वेशभूषा देखकर अकारण ही भड़क उठते हैं। रूस में मैं अकेली ही रात के बारह बजे भी होटल के सामने फैले पार्क की बेंच में बैठे बड़ी देर तक उन दिनों वहाँ विश्वसंगीत सम्मेलन में भाग लेने आए युवा प्रतियोगियों का नृत्य-गीत का पूर्वाभ्यास देखती रही हूँ। वहाँ ऐसे 'कामरेड कोर्ट' हैं जिनके सदस्यों को फैक्टरी या दफ्तर स्वयं चुनते हैं, वहीं अपराधियों की पेशी होती है। कई बार मैं होटल के कमरे की चाबी फ्लोर क्लर्क को देना भूल, कमरा खुला ही छोड़ गई थी, कभी एक तिनका भी इधर-उधर नहीं हुआ।

ऐसी ही अदालत का एक वर्णन वहाँ की एक पत्रिका में पढ़ रही थी—'On behalf of the Russian Soviet Federative Socialistic Republic' इस वाक्य से आरम्भ हुआ जज का आदेश कि फलाँ को पेश किया जाए। अपराधी शराब के नशे में कार चला रहा था, उसी नशे की झोंक में उसने सामने आ रही एक दूसरी कार को टक्कर मारी थी जिसके चालक को गम्भीर चोट आई थी। नशेड़ी अपराधी को एक वर्ष का कारावास तो मिला ही, साथ ही पूरे पाँच वर्ष के लिए उसका लाइसेंस जब्त कर लिया गया।

मॉस्को के भवन, वहाँ की चौड़ी सड़कें वास्तव में दर्शनीय हैं, किन्तु किसी भी देश की प्रगति को हम उसके निर्माण कार्य से ही नहीं आँकते, यह ठीक है, जैसे भवन, जैसी सड़कें वहाँ निर्मित हुई हैं वैसी सम्भवतः विश्व के इतिहास में अन्यत्र कहीं नहीं निर्मित हुईं, किन्तु उनकी सबसे अनुकरणीय बात है, उनका त्रुटिहीन रख-रखाव। हमने वहाँ अनेक संग्रहालय देखे, ऐतिहासिक संग्रहालय, गोर्की संग्रहालय, लेनिन, चेखव म्यूजियम, गोर्की की कलम, पांडुलिपियाँ, अनेक दुर्लभ ऑयल पेंटिंग्स, वह कॉटेज जहाँ गोर्की ने 'मदर' लिखी थी, 'मदर' का अंग्रेजी से रूसी में अनूदित प्रथम संस्करण, चीन से मिला लाल कारचोबी का चोगा, टोपी, भारत से मिली छड़ी, उनकी अनेक बान्धवियों के चित्र, उस प्रिय हाथ के पंजे की अनुकृति में ढाला गया पेपरवेट।

गाइड ने बताया कि यह उनकी प्रिय बान्धवी के पंजे की अनुकृति था, यहाँ तक कि जो टेबललैंप जीवन के अन्तिम क्षण में उनके सिरहाने धरा था वह भी ज्यों का त्यों उसी पलंग के सिरहाने, उसी मेज पर धरा है।

ऐसे ही लेनिन म्यूजियम में भी यत्न से संचित पुस्तकें, चित्र और उन पर बनी फिल्म देखकर इतना कुछ जान लिया, जो शायद ढेरों पुस्तकें पढ़ने पर भी कभी नहीं जान पाती। उनके वृत्तचित्र में एक छोटा-सा दृश्य है, जब लेनिन की मृत्यु की अफवाह फैलाकर देशवासियों को दिग्भ्रमित करने की चेष्टा की गई, तो पूर्ण रूप से स्वस्थ न होने पर भी वे अपने अनन्य प्रशंसकों के बीच आकर हाथ हिलाकर मुस्कराते हैं। उस दुर्बल, किन्तु तेजोद्दीप्त मुस्कान को देखकर ही समझ में आ जाता है कि अपने देश की प्रगति में, इस महान व्यक्ति का अंशदान कितना महत्त्वपूर्ण था, भीड़ ऐसी कि थाली फेंकी जाए, तो सिर ही सिर ढुलकती चली जाए, धरा पर गिरे ही नहीं। उन दुबले-पतले हाथों का हिलना और तालियों की तुमुल गर्जना, मैं उस दृश्य को कभी नहीं भूल पाऊँगी।

संग्रहालय का अर्थ, केवल संगृहीत वस्तुओं का संचय ही नहीं होता, जहाँ घूम-घूमकर किसी महान् व्यक्ति विशेष की नित्य उपयोग में आनेवाली वस्तुएँ, या उसका निर्मित साहित्य या जिरह-बख्तर, ढाल-तलवार, ही देखें—उन वस्तुओं के सँजोने में, रखरखाव में कुछ ऐसा जादू हो कि हमारी चिरन्तन अन्वेषण की भावना निरन्तर बनी रहे। उस समय की क्या जातीय विशेषताएँ थीं, उस व्यक्ति ने कैसे स्वदेश के निर्माण में अपना योगदान दिया, उस समय के सदस्यों का आचार-विचार कैसा था, जीवन की विभिन्न सम्भावनाओं के प्रति उसके मनोभाव कैसे थे, अपनी संस्था के माध्यम से यह विशिष्ट व्यक्ति किन लक्ष्यों की ओर अग्रसर हुआ, अपनी चरित्रगत तथा विचारगत किन विशेषताओं से इस महान् व्यक्ति ने देशवासियों का हृदय विजित किया?

वैसे तो कभी-कभी परिधान मात्र ही मनुष्य का परिचय दे देता है। मेरी एक परिचिता बुजुर्ग महिला कहा करती थीं, "अजी हम तो किसी के पेटीकोट का नाड़ा देखकर ही बता देती हैं कि जनानी कितने तोले, कित्ते माशे की है! बेटे, मजबूत नाड़ेवाली, समझदार, कभी धोखा नहीं खाएगी। लाख छींके नाड़ा न टूटे। धोती की किनारी का नाड़ा हो, तो समझ लो एक नम्बर की कंजूस और फूहड़ और जरीदार रेशमी नाड़ा हो और वह भी लम्बा लटके, तो जान लो रंडी।"

रूस के जितने भी स्मृतिकक्ष मैंने देखे, उनमें सबसे सुन्दर मुझे गोर्की म्यूजियम लगा। वैसे कोई भी म्यूजियम ऐसा नहीं है, जिसे पूरा देखने में दो-तीन घंटे न लगें। रूस के ये संग्रहालय, लक्ष-लक्ष पर्यटकों को महत्त्वपूर्ण जानकारी दे रहे हैं और देते रहेंगे।

जिस होटल में हम रुके थे वहाँ 21 मंजिलें और चार प्रवेश द्वार हैं—उत्तर, पूर्व, पश्चिम और दक्षिण। चारों की बनावट ऐसी भ्रामक थी कि पन्द्रह दिन उसी होटल में रहने पर भी मैं अकेली स्वयं नीचे-ऊपर चढ़ने में बार-बार भटक जाती। एक-से लिफ्ट, एक-सी सोवेनियर की दुकानें, एक-से डाकघर और अविकल एक-से द्वार और द्वारपाल। किस लिफ्ट में चढ़कर किस मंजिल में पहुँचूँगी, इस भय से काँपती रहती। एक-सी सूरत के चारों द्वारपालों को देखती, तो लगता, एक ही सूरत के राजा नल के-से सब नृपतियों से घिरे स्वयंवर में, दमयन्ती बनी खड़ी हूँ। कभी-कभी भटकते-भटकते अपने कमरे तक पहुँचने में एक घंटा लग जाता, इस भय से नीचे उतरती ही कम थी। वहाँ की दुकानों में यद्यपि दीर्घ अशेष क्यू की पंक्ति में खड़ा रहना कभी-कभी बेहद खलता है, किन्तु उस प्रतीक्षा में एक सुख भी है। ग्राहक यहाँ दुकानदार से ठगे जाने के भय से एकदम मुक्त रहता है। आप छोटी-से-छोटी दुकान से लेकर, बड़े-से-बड़े डिपार्टमेंटल स्टोर में जाइए, दाम सर्वत्र एक-से मिलेंगे। मैं एक बार अपने दुभाषिए से अपनी शंका व्यक्त करने की मूर्खता कर बैठी। वह मुझे मॉस्को की सबसे बड़ी सोवेनियर शॉप 'सुम' में ले गया। वह बहुत कुछ हमारे लखनवी गड़बड़झाले से मिलता-जुलता स्टोर है, जहाँ आप ताशकंदी चौकोर शॉल-दुशाले से लेकर सुई तक खरीद सकते हैं।

मैंने कहा, "मुझे तो सामान्य-सी खरीदारी करनी है। यहाँ निश्चय ही दाम बहुत होंगे। किसी छोटी दुकान में ले चलो।"

वह भड़क गया, "यह रूस है, मादाम, यहाँ आप किसी भी दुकान में चली जाइए, दाम एक ही होंगे।"

लेकिन मुझे बार-बार रूस आने से पूर्व एक हितैषी की सीख याद आ रही थी, "वहाँ आप क्या खरीदेंगी? बेकार में फॉरेन एक्सचेंज के लिए दौड़-धूप कर रही हैं। वहाँ चाहने पर भी आप पैसा खर्च नहीं कर पाएँगी। पहले तो क्यू में खड़ी रहते-रहते ऊबने लगेंगी, उस पर दाम भी अधिक लगेंगे।" ठीक ही कहा था उन्होंने! कटग्लासेज जो वहाँ की प्रख्यात कलाकृति मानी जाती है, दाम पढ़ते ही मुँह लटकाना पड़ता, कोई भी नन्हा-सा शॉल साठ रूबल से

कम नहीं, उस पर रंग ऐसे भड़कीले कि हमारे देश के कलामर्मज्ञ साँड़ देखते ही अपने सींगों से भुरकुस बना देंगे। चटख शोख लाल रंग ही रूसियों का प्रिय रंग है। उस रंग को क्या भारत की आँखें झेल पाएँगी? घूमते-घूमते गला सूख रहा था, सोचा आइसक्रीम खरीदकर कंठ सिंचित कर लें, पर वहाँ भी कम-से-कम पचास तृषार्त ग्राहकों की लम्बी क्यू थी।

''चलिए, आपको 'जलतरंग' ले चलें। वहाँ भी भीड़ तो रहती है, पर खाना एकदम ठेठ भारतीय।''

'जलतरंग' मॉस्को का एक लोकप्रिय रेस्तराँ है। पहुँचे तो एक भी टेबिल खाली नहीं थी। फिर हमें देख एक सुदर्शना युवती ने नई मेज लगा दी और 'मैनू' सम्मुख धर दिया। आज तक जितने रेस्तराँ में गए, आर्काडी से ही 'मैनू' पढ़वाना पड़ता था, सब रूसी में, आज पहली बार अंग्रेजी में परिचित नाम देखकर मुंह में पानी भर आया, यद्यपि पुलाव को 'पिलाव', समोसा को 'सैमोस' और भटूरे को 'बटूरोज' देखकर कुछ भय हुआ कि कहीं कुछ-का-कुछ परिवेशित न हो जाए, पर 'पिलाव' 'मशरूमकरी' और 'सैमोस' का ऑर्डर दिया, दीवारों पर गरुड़ासीन विष्णु, शेषशय्या पर लक्ष्मी सहित विष्णु, बोधिवृक्ष के नीचे तपोरत भगवान् बुद्ध, सूँड़ उठाकर झूमते हाथी देख, क्षुधार्त चित्त आश्वस्त हुआ।

पहली बार भुने मसालों की विशुद्ध भारतीय सुगन्ध से अधीर नथुने फड़कने लगे। समोसे का आकार परम उत्साहवर्धक था, सुगन्ध भी। मैं हाथ मारती इससे पूर्व ही एक यमदूत-सा बैरा मुस्कराता खड़ा हो गया, ''मादाम वेजिटेरियन? नो-नो, सौसेजेज इनराइट रौमोरा।''

लो, भगवान ने स्वर्ग की सीढ़ी से सहसा बड़ी हृदयहीनता से नीचे पटक दिया। अब मरे पिलाव में भी कहीं यही सब न हो। मेरा अनुमान ठीक था। उसमें भी बड़ी-बड़ी बोटियाँ देख, निराश हो गई, 'जहाँ जाए भूखा वहीं पड़े सूखा' ही मेरे साथ सर्वत्र चरितार्थ हो रहा था। वही साइबेरियन सेलड और आइसक्रीम खाकर घर लौट आई।

साइबेरिया की जानलेवा ठंड में भी साइबेरियन धड़ल्ले से आइसक्रीम खाते और खिलाते हैं। वहीं के एक स्थानीय पत्रकार ने हमें दिन के भोजन के लिए आमन्त्रित किया और बड़े चटखारे ले-लेकर एक घटना सुनाई थी। वे वर्षों अमेरिका में रहे थे। एक बार अपने एक अतिथि अमरीकी पत्रकार को वे अपने साथ घुमाने मॉस्को के पास एक ग्राम में ले गए। जाड़ों के दिन थे।

कड़ाके की ठंड पड़ रही थी। बर्फ की तह पर तह दर तह पड़ती जा रही थी, सिर से पैर तक गर्म कपड़ों से लैस दोनों घूमने निकले तो अमेरिकन पत्रकार की दृष्टि एक व्यक्ति पर पड़ी। उस जानलेवा ठंड में वह बड़े आनन्द से आइसक्रीम खा रहा था।

वह दंग रह गया, उसने इनसे कहा, "मुझे उसके पास ले चलो, मैं उससे पूछना चाहता हूँ, ऐसी ठंड में वह किस दुःसाहस से आइसक्रीम खा पा रहा है।"

उसने पूछा, रूसी में प्रश्न को अनूदित कर उसे सुनाया गया, तो वह हँसा, "यह जानना चाहता है, क्यों और कैसे खा पा रहा हूँ, आओ मेरे साथ।"

दोनों को वह एक छोटे-से अँधेरे कमरे में ले गया। एक खाने में कई वोदका की बोतलें रखी थीं, उनमें से उसने एक निकाली और अमेरिकन पत्रकार को थमाकर कहा, "गटक जाओ, दोस्त!"

वह झिझका, पूरी बोतल गटक जाए? पहली ही घूँट में ब्रह्मतालु से लेकर नाभिमंडल की शिराएँ झनझना उठीं। जीभ से नीचे तक जैसे दहकता अंगारा सरसरा गया। थोड़ी ही देर में उसे प्रचंड क्षुधा ने व्याकुल कर दिया।

"Can I get some snacks?" उसने अपने मित्र से पूछा।

"क्यों?" अब उस रूसी आइसक्रीम खानेवाले व्यक्ति ने हँसकर पूछा, "चिखौना माँग रहा है क्या? लो, यह आइसक्रीम दो इसे। अब इसे अपने 'क्यों' और 'कैसे' का उत्तर स्वयं मिल जाएगा।"

और फिर उसी कड़कती ठंड में वह पत्रकार बड़ी ललक से गपागप आइसक्रीम खाने लगा।

"मान गया मैं इसकी बात।" उसने कहा, "दहकता कलेजा सचमुच ठंडा गया, पर दोस्त, मुझे इस समय का ठीक तापमान देखकर बता दो, अपने लेख में यह उल्लेख तो करना ही होगा कि इस हिमशीतल तापमान में भी मैंने आइसक्रीम खाई और आनन्दित हुआ।"

आस-पास ठीक तापमान जानने का यन्त्र नहीं दिखा। उसने कहा, "चलो, पास ही में छोटा-सा रेलवे स्टेशन है, वहीं टेम्परेचर चार्ट लगा रहता है।" वे दोनों पहुँचे, तो देखा स्टेशन मास्टर भी गर्म कपड़ों से लदाफँदा आइसक्रीम खा रहा है। "भाई इन्हें जरा वेदर चार्ट बता दो, यह मेरे अमेरिकन पत्रकार बन्धु हैं।"

उसने क्रुद्ध दृष्टि से मुझे भस्म कर कहा, "What I disclose my countings weather chart to a foreigner? Never, never in my life."

"क्या कहा! अपने देश का तापमान किसी विदेशी को बता दूँ! मैं ऐसी भूल इस जीवन में कभी नहीं कर सकता।"

यह अनावश्यक रूप से शंकालु स्वभाव, रूस ने कई बार आहत होकर ही पाया है। साइबेरिया पहुँचने तक यह कठोर अनुशासन स्वयं ही ढीला पड़ने लगा था।

हमें अचानक ही सूचना मिली थी कि हमें उसी दिन चार बजे की फ्लाइट से साइबेरिया जाना होगा। यह हवाई अड्डा अपेक्षाकृत छोटा है, किन्तु शहर से बहुत दूर, मार्ग ही में कार का पेट्रोल भी खतम हो गया। अभी 60 किलोमीटर की दूरी पार करनी थी और समय था बहुत कम। किसी प्रकार एक दूसरी गाड़ी से पेट्रोल माँगा और हवा के वेग से गाड़ी भगाता ड्राइवर अड्डे पर पहुँचा, तो फ्लाइट जाने को तैयार थी। हमारे लाख घिघियाने पर भी हमसे कहा गया, "आपको दूसरी उड़ान की प्रतीक्षा करनी होगी। वह रात आठ बजे जाएगी।" चार घंटे की प्रतीक्षा के बाद भी उड़ान मिल जाएगी, इसका कोई भरोसा नहीं था। हमारे साथ एक जर्मन जोड़ा भी था। न उन्हें अंग्रेजी आती थी, न हममें से किसी को जर्मन। हमारा दुभाषिया आर्काडी तो था ही चिरन्तन विरही यक्ष, वह पास ही के बूथ से अपनी नवविवाहिता प्रेयसी को दनादन अदृश्य चुम्बन और लम्बी साँसें भेज रहा है, यह मैं देख रही थी और मन-ही-मन उस पर गुस्सा भी आ रहा था। दोष तो उसी का था, समय पर भी तो हमें यहाँ ला सकता था, इस पर खिसियायी हँसी हँसकर उसने कहा, "मैं यही कपड़े लाया हूँ, जो पहने हूँ। हड़बड़ी में बैग वहीं छूट गया।"

"इतनी ठंड है साइबेरिया में, तीन-चार दिन रहना है, तुम अकड़ नहीं जाओगे?" मैंने पूछा।

"मैं अपनी पत्नी को फोन कर रहा हूँ। वह यहीं ले आएगी।"

"जल्दी आना। बहुत भूख लगी है। हमने लंच भी नहीं खाया है।" हमने कहा।

किन्तु वह गया और लौटा ही नहीं। दूर से ही हाथ हिलाकर कह गया, अभी आ रहा हूँ। सात बजने को थे। हमारे टिकट, पासपोर्ट उसी के पास थे। इस बीच अधीर निमाई बाबू, आर्काडी को उसकी निर्लज्ज अनुपस्थिति के लिए कह उत्कृष्ट बँगला विशेषणों से अलंकृत कर चुके थे—"ऐके बारे अपदार्थ, कोनो काजेर ना छेलेटा—सत्री गा जले जाय।" (एकदम ही बेकार

है, किसी काम का नहीं है, शरीर गुस्से से जल जाता है।)

इस बीच हमारी क्षुधा भाषा का व्यवधान बड़ी सुगमता से चीर हमारे जर्मन सहयात्रियों तक पहुँच गई थी। उन्होंने हमें अत्यन्त स्वादिष्ट घर के बने मफिन खिलाए, थर्मस से गर्म कॉफी पिलाई, तब ही देखा, हाँफता-भागता आर्काडी आ रहा है, ''सॉरी, ऐनी को देखने गया था। वह आई नहीं। चलिए-चलिए, समय हो गया है।''

हमने अपने जर्मन सहयात्रियों से विदा ली। उन्हें दूसरी उड़ान मिली थी। इस बीच वे अपने पुत्र, पुत्रवधू, जुड़वाँ पौत्रों के रंगीन चित्र दिखा, आँखों की ही भाषा से हमारे अत्यन्त निकट आ चुके थे। दोनों ने हमारे हाथ अपने हाथों में ले बड़े प्रेम से हमें विदा किया। साइबेरिया की उड़ान के लिए छोटा-सा हवाई जहाज तैयार था। तब ही देखा, बोर्डिंग पास थमाते आर्काडी विपरीत दिशा में भाग रहा है। फिर जो दृश्य देखा, उसे देख हम स्तब्ध रह गए। हवाई अड्डे की कड़ी सुरक्षा को बेध, 'मशक समान रूप कपिधरी' की पंक्ति को सार्थक करती, आर्काडी की नवविवाहिता पत्नी ऐनी उसके गर्म कपड़ों से लदी-फँदी वहीं खड़ी किसी हवाई अड्डे की अधिकारिणी से जोर-जोर से बहस कर रही थी। स्पष्ट था कि वह पति को वह बैग थमाना चाह रही थी और वह रूखी कठोर महिला उसे सींगों से घुसियाती पीछे खदेड़ रही थी।

इस बार आर्काडी पत्नी की सहायता करने भागा। मौका देख वह हमारे पास आ गई। इस बार दो अन्य अधिकारी भी उसे हटाने बढ़ आए। बड़े कौशल से उसने सबकी नजर बचा, दो स्वेटर एक विंड चीटर मुझे थमा दिया और उसी कौशल से मैंने उन्हें तत्काल अपने शॉल के नीचे छिपा लिया, पर फिर भी वह दबंग लड़की पति के चुम्बन के बिना जाने को तैयार नहीं थी। यहीं पर हम सब फुर्तीले आर्काडी के प्रेम-कौशल का लोहा मान गए। ठीक जैसे आजकल दूरदर्शनी पट पर बेताल हवा में 'सूँ' कर हवा में तिरता 'विक्रम, मैं तेरे वश में आनेवाला नहीं' कर निकल जाता है, आर्काडी ने एक ही हवाई छलाँग में पत्नी का चन्द्रमुख चूम, उससे स्वयं विदा ले ली। मुझे भय हो रहा था इस विलम्बित विदा के आदान-प्रदान में कहीं हमारी उड़ान फिर न छूट जाए! सुना था एक बार भारतेन्दु भी ऐसे ही किसी नवविवाहित मित्र को उसकी पत्नी सहित विदा देने स्टेशन गए थे, उसके पीछे छोड़ी जा रही पत्नी के मोह में बार-बार बँधा जा रहा था पति, विदा के आदान-प्रदान में ऐसा दिग्भ्रमित हुआ कि ट्रेन ही छूट गई थी और भारतेन्दु ने तत्काल ये पंक्तियाँ

लिख दी थीं :

'माँगे विदा औ विदा को करै
मिलि दोनों विदा को विदा करि दीनी'

पर सौभाग्य से हमें उड़ान मिल ही गई।

छोटा-सा ऐरोफ्लोट ठसाठस भरा था। सात घंटे की उड़ान ऐसी ही कंधे-से-कंधा छिलनेवाली भीड़ में काटनी होगी, सोचते ही सिहर उठी, फिर मेरे पार्श्व में आर्काडी था और उसने अपनी स्वामी प्रभुपाद वाली पुस्तक निकाल ली थी। मैं समझ गई कि विमान के गति पकड़ते ही भक्तियुग-सम्बन्धी प्रश्न मेरी पसलियों को छेदने लगेंगे। पैर फैलाने के लिए सामान्य-सी गुंजाइश भी नहीं थी। सात घंटे की तो उड़ान ही थी, उस पर एक घंटे बीच में किसी शहर में रुकना भी था।

निमाई बाबू बहुत पीछे बैठे थे। मैंने मुड़कर देखा, वे गहन निद्रामग्न, कच्छप की भाँति सिर छिपाए परमानंद में डूबे थे। मैंने कई सोनेवाले देखे हैं। तकिए पर सिर हो या ट्रेन-हवाई जहाज का अटपटा सिरहाना, आँखें मूँदीं कि नींद आई, किन्तु निमाई बाबू को तो नींद का कोई दुर्लभ वरदान प्राप्त था। बातें करते-करते ही सपने देखने लगते। चेतन एवं अचेतन दोनों जगत् की धरणी में सर्वथा सजग-सचेत ऐसा अद्भुत यायावर मैं पहली बार देख रही थी। "बेश घुमाते पारेन भद्रलोक", एक दिन मैंने उन्हें प्लेन की सीट पर ही गहरी नींद में डूबा देख मैत्रेयी देवी से कहा, तो वे चटपट चैतन्यलोक में उतरकर बोले, "की जे बोलेन शिवानी दी, घूमाच्छी कोथाय!" (क्या कहती हैं आप भी, मैं सो कहाँ रहा था?)

थोड़ी ही देर में खाना आ गया। मैंने एक प्याला कॉफी और साथ लाई चॉकलेट की ही जुगाली की। आर्काडी को मेरी नित्य की एकादशी देख बहुत दुःख होता था, "की जे आपनी! मांस खेते की दोष?" (आप भी कैसी हैं! मांस खाने में क्या दोष है?)

पर कुछ ही दिन पूर्व मैंने उसे उसके एक ही मूर्ख प्रश्न के लिए डाँट दिया था। हम लंच के लिए प्रायः साथ ही किसी रेस्तराँ में जाते। मैनू की दुरूह लिपि वही बाँचकर हमसे अटपटे नामों की व्याख्या कर पूछता, "एटा खाबेन ना कि?" उसमें उसका एक प्रश्न नित्य प्रमुख रहता, "गोरूर मांस खाबेन?" (गाय का मांस खाएँगे?)

वह यह प्रश्न हमारी किसी भावना को आहत करने नहीं पूछता था, चूँकि

वह उसका प्रिय चिखौना था, इसी से उसी घातक प्रश्न को वह बड़ी सहज स्वाभाविकता से दुहरा जाता।

उस दिन पूर्णिमा का व्रत था। रेस्तराँ में बैठी मन-ही-मन 'विष्णु सहस्रनाम' का अपना अधूरा पाठ कर रही थी कि आर्काडी ने अपने उसी प्रश्न की दुनाली ठीक मेरे कन्धे पर दाग दी थी, "आपनी गोरूर मांस खाबेन?"

मैंने तुनककर कहा, "देखो आर्काडी, ऐसा हँसी-हट्ठा मेरी रक्तमज्जा भस्म कर देता है। तुम जानते हो, मैं निरामिष भोजी हूँ। उस पर ठीक पूर्णिमा के दिन मुझसे पूछते हो, 'क्या मैं गाय का मांस खाऊँगी?' दूसरी बार तुमने यह प्रश्न पूछा, तो भले ही तुम हमारे मेजबान हो, मैं तुम्हें अपने इसी हिन्दुस्तानी पंजे की शक्ति परीक्षा करने को बाध्य कर दूँगी।"

"सॉरी, सॉरी। मैं भूल ही गया था।"

उस दिन से वह मुझसे बिना पूछे ही मेरे लिए साइबेरियन सैलड और आइसक्रीम का ऑर्डर दे देता।

जैसे-जैसे विमान ने गति पकड़ी, भूख स्वयं ही विलीन हो गई। होती भी कैसे नहीं? प्रकृति स्वयं छप्पन व्यंजनों का थाल लिए स्वयं आँखों के सम्मुख मुस्कराती खड़ी थी। रवीन्द्रनाथ के ही शब्दों में :

बहु दिन धरे
बहु क्रोश दूरे
बहु व्यय करि
बहु देश घूरे
देखिते गिया छी पर्वतमाला
देखिते गिया छी सिन्धु

बहुत वर्षों से, कोसों दूर, बहुते पैसा खर्चा कर, देश-विदेश गया हूँ। विभिन्न पर्वत-मालाएँ देखीं, अनेक सिन्धु देखे, जन्मकुंडली की यही भ्रामरी दशा मुझे न जाने कितने देश-विदेशों में साथ-साथ उड़ाती ले गई है, किन्तु ऐसे अनुपम दृश्य, प्रकृति का यह लुभावना रूप अन्यत्र कहीं नहीं देखा।

साइबेरिया की ह्वाइट नाइट्स के विषय में सुना ही था, अब आँखों से भी देख लिया, मध्यरात्रि के निःसीम शून्य गगनांगन को चीरता हमारा जहाज उड़ा जा रहा था किन्तु प्रखर सूर्य की किरणों में दीर्घ बलखाती नदियाँ चाँदी की मेखला-सा झलमला रही थीं।

"देखिए-देखिए, शिवानीजी, ऐसी लम्बी अनन्त नदियाँ आपको केवल

साइबेरिया में ही मिलेंगी।'' सचमुच घंटों तक एक ही टेढ़ी-मेढ़ी, बलखाती नदी के सुदीर्घ कलेवर को देखते-देखते मेरी आँखें दुखने लगी थीं, पर न जाने कितने छोटे-मोटे शहरों को लपेटे वह चली जा रही थी।

19वीं शताब्दी के एक पर्यटक ने साइबेरिया के विषय में लिखा है, ''यदि कोई पर्यटक साइबेरिया में किसी से कहे, 'मुझे कोई गड़ा खजाना दिखाओ, यहाँ तो सुना है ऐसे असंख्य खजाने गड़े हैं,' तो वह उसी स्थल पर पैर धरकर कहेगा, 'यहीं पर है वह खजाना।' सचमुच ही आप उसी स्थान को खोदिएगा तो अद्भुत खजाना गड़ा मिलेगा।'' यही साइबेरिया की समृद्धि है, जहाँ पैर पड़े वहीं खोदिए और अटूट समृद्धि। देश को 85 प्रतिशत बहुमूल्य ऊर्जा के खजाने यहीं से प्राप्त होते हैं। पश्चिमी साइबेरिया में ही प्रतिवर्ष सात-आठ ऐसे खजाने प्राप्त किए जाते रहे हैं। पूरे संसार के उपयोग में आनेवाले कोयले का अर्धभाग साइबरिया ही देता है। इसके अतिरिक्त हीरे, सोने, लोहे एवं ताँबे की यह रत्नगर्भा धरती स्वयं अपने में एक मिसाल है।

यद्यपि यहाँ की कठिन जलवायु सहज ही में विजित नहीं होती। दुर्गम पथ, गहन अरण्य, जानलेवा ठंड, यह सब निरन्तर मनुष्य के धैर्य एवं साहस को चुनौती देते रहेंगे, स्वयं सोवियत अर्थविशेषज्ञों ने कहा है कि Siberia can be won by those who can cover long distances. जो लम्बे फासले को तय करने की सामर्थ्य रखते हैं, वे ही साइबेरिया को विजित कर सकते हैं। इसका प्रत्यक्ष प्रमाण मिला जब कड़कड़ाती ठंड में रात के ढाई बजे यूरीकुष्ट के हवाई अड्डे पर उतरी तो, उतरते ही बर्फीली हवा ने ऐसा करारा चाँटा मारा कि सिर उत्तर से दक्षिण को मुड़ गया, उस पर भयावह रूप से बड़े-बड़े परिन्दों-से मच्छरों ने हमला बोल दिया। ऐसे मच्छर मैंने जीवन में पहली बार देखे। किसी तरह भागकर जान बचाई। चूँकि हमारी पहली उड़ान, जिसकी सूचना साइबेरिया की राइटर्स यूनियन को दी गई थी, छूट गई थी, इसी से हमें यह क्षीण आशा भी नहीं थी कि हमें लेने कोई आएगा, किन्तु हमें देखते ही एक लम्बे-चौड़े सुदर्शन व्यक्ति मुस्कराते हमारी ओर बढ़े, ''आप इस भूमि पर साइबेरिया का स्वागत स्वीकार करें!''

मैत्रेयी देवी अस्वस्थता के कारण मॉस्को से ही भारत लौट चुकी थीं। मैंने उनसे हाथ मिलाकर क्षमा माँगी, ''आपको रात-भर खड़ा रहना पड़ा, किन्तु, इतना भी समय नहीं था कि हम आपको दूसरी उड़ान के विषय में सूचित करते।''

''मुझे दो रात भी यहाँ प्रतीक्षा करनी पड़ती, तो मुझे दुःख नहीं होता।'' फिलिपोव ने अपनी उजली हँसी से हमें आश्वस्त किया, "I am here to receive a very brave lady from India." मैं भारत की एक बहादुर महिला की अगवानी करने यहाँ उपस्थित हूँ, आप पहली भारतीय लेखिका हैं, जो इतनी दूर हमसे मिलने आई हैं।

तब ही मुझे उस उक्ति की सार्थकता का अनुभव हुआ कि जो लम्बी दूरी पार कर साइबेरिया आ सकता है, वही उसे विजित कर सकता है। एक बार मैं स्वयं ही इस यात्रा के लिए ना करने को थी। इतनी ठंड, इतनी लम्बी हवाई यात्रा और अकेली मैं। मैत्रेयी दी का मातृवत् अवलम्ब भी तो नहीं था। आर्काडी का लड़कपन कभी मॉस्को में ही धैर्यच्युत कर देता था। उस पर स्वयं उसी ने बतलाया था कि वह इतिपूर्व कभी साइबेरिया नहीं गया है।

एयरपोर्ट से श्री फिलिपोव हमें स्वयं होटल तक पहुँचाकर बोले, ''अब आप लोग आराम कीजिए। सुबह प्रोग्राम बनाएँगे।''

होटल के स्वच्छ-सुघड़ कमरे देख तबीयत खुश हो गई। गर्म जल से सुदीर्घ स्नान ने लम्बी उड़ान की क्लांति पल-भर में दूर कर दी। पहले उस विराट् कमरे में अकेली ही रहने का सामान्य-सा भय हुआ। भारी मखमली पर्दे खींच मैंने खिड़की खोल दी। सामने ही ऊँची फुहारें छोड़ता फौवारा था और इर्द-गिर्द पर्यटकों की रंगीन भीड़। क्या सचमुच इस विचित्र देश में निद्रा का प्रवेश निषिद्ध था?

दूसरे ही दिन, हमारे मेजबान श्री फिलिपोव को मॉस्को जाना था। इसी से उन्होंने हमें उसी दिन साइबेरिया की प्रसिद्ध झील बेकाल ले चलने का आश्वासन दिया था। हम उतनी क्लांतिप्रद यात्रा उसी अपूर्व झील को देखने के लोभ से पूरी कर यूरीकुष्ट आए थे। यद्यपि रात-भर की आठ घंटे की हवाई यात्रा एवं अधूरी नींद से अंग-अंग दुख रहा था, फिर भी हम सुबह ही नहा-धोकर तैयार हो गए।

हमें लेने साइबेरिया के लेखक गुरुपोव समय से कुछ पूर्व ही आ गए। नाटे-से कद के गुरुपोव अल्पभाषी-गम्भीर व्यक्ति थे, ''मुझे विश्वास है आपको यह स्थान बहुत सुन्दर लगेगा। ड्राइव थोड़ा क्लांतिकर है। मि. फिलिपोव राइटर्स बिल्डिंग में आपकी प्रतीक्षा कर रहे हैं।''

बाहर वर्षा का वेग क्रमशः तीव्रतर होता जा रहा था।

हमें एक बड़ी-सी दुमंजिली इमारत के पास उतारकर गुरुपोव ने कहा, "यह पहले एक सामन्ती प्रासाद था।"

वास्तव में वह किसी युग की आलमगीर इमारत रही होगी। द्वारों पर भारतीय ऐतिहासिक दुर्ग द्वारों-सी ठुकी पीतल की पट्टियाँ, दीवारों पर लगे दर्शनीय तैलचित्र, काठ के फर्श पर बिछे समरकन्दी कालीन, जिन पर पैर धरते ही हम धँसे जा रहे थे।

"आइए-आइए, आपका स्वागत है।" मि. फिलिपोव मुझे एक ऐसा रूसी व्यक्तित्व लगा जिसकी उपस्थिति ही अनजान परिवेश में आनन्दी फुलझड़ियाँ छोड़ती रहती थीं।

"मुझे बड़ा खेद है कि मैं आप लोगों को स्वयं बेकाल नहीं ले जा पाऊँगा, पर मेरे मित्र गुरुपोव आपको ले चलेंगे। शायद आज यह न हो पाए। बात यह है कि हमारा ड्राइवर स्वयं फुटबॉल का अनन्य उपासक है। वर्ल्डकप की दूरदर्शनी झाँकियाँ वह आज छोड़ना नहीं चाहता।"

मैं चकित रह गई। एक कार चालक के फुटबॉल प्रेम के लिए ऐसी चिन्ता। क्या हम अपने स्वतन्त्र देश में अपने मातहतों का कभी ऐसा ध्यान रख पाएँगे? कुछ ही दिन पूर्व हमारे प्रतिवेशी एक अफसर का ड्राइवर अपने किसी मिलनेवाले से कह रहा था, जो उसे किसी आत्मीय की मिट्टी में बुलाने आया था, "अरे, यहाँ रिश्तेदारी की मिट्टी तो दूर, हमारी अपनी अरथी उठे, तब भी शायद नहीं जा पाएँगे। सरकारी ड्राइवर न हो गया, ससुरा धोबी का गदहा हो गया, जितना चाहे बोझ लाद दो। साहब की जी-हजूरी अलग निभाओ, मेम साहब की अलग। सुबह से रात तक संतरी-से खड़े रहो, न कोई चाय को पूछे न पानी को, उस पर कभी साहब लोगों का डिनर हो गया, तो रात दो बजे तक ड्यूटी निभाओ," और वहाँ, जहाँ-जहाँ भी हम गए, हमारा रूसी कारचालक बड़ी आत्मीयता से हमारे पार्श्व में प्रत्येक रेस्तराँ में हमारे साथ बैठ भारत के विषय में अनेक प्रश्न पूछता। स्वयं हमें अपने फुटबॉल के अनेक मैचों के विषय में रोचक घटनाएँ सुनाता। एक दिन उसने बड़े संकोच से अपने मैच में मिले प्रशस्तिपत्र मुझे थमा दिए। वह सुनहली रूसी लिपि यद्यपि मेरे पल्ले नहीं पड़ी, मैं एक अक्षर भी नहीं पढ़ पाई, किन्तु देनेवाले के गर्वोल्लसित चेहरे को देख समझ गई कि उसके लिए उन मान्यताओं का विशेष महत्त्व है। उसे हमारे देश के चुटकुलों में बेहद आनन्द आता था। निमाई बाबू के पास ऐसे चुटकुलों का अशेष कोष था। जब क्लांत होकर हम किसी रेस्तराँ में

सुस्ताने बैठते, तो वे अविलम्ब अपने चुटकुलों के बँटेरी बटुए की डोरी सरका देते। आर्काडी उसका रूसी में अनुवाद कर हमारे परिहासरसिक चालक को सुनाता और वह हँसते-हँसते दुहरा हो जाता।

फिलिपोव कवि थे। उन्हें संस्कृत के श्लोक एवं उनकी मधुर शब्दव्यंजना बिना अनूदित किए ही भावविभोर कर देती। दीर्घ-जटिल पगडंडियों का राजस्थानी लहंगों-सा घेर-घुमेर पलक झपकाते ही ऐसी आवृत्ति पहेलियों एवं चुटकुलों के आदान-प्रदान में कट जाता। आयुर्वेद की आश्चर्यजनक जड़ी-बूटियों से लेकर 5वीं शताब्दी के धुरन्धर विद्वान् चिकित्सक वाग्भट के श्लोकों में लिखे गए नुस्खों को सुन फिलिपोव मुग्ध हो गए थे।

यूरीकुष्ट से बेकाल झील का मार्ग अनोखा है। कभी किसी उत्तुंग पर्वत शिखर पर चढ़ने का आनन्द और तत्काल बिना किसी पूर्व संकेत के वैसी ही जानलेवा उतार की ढलान। एकदम जैसे तारसप्तक के षडज से मंद्र के षडज में उतर रहे हों। हमारा फुटबॉलप्रेमी कारचालक जैसे सीधे फुटबॉल फील्ड में विजयोन्मत्त उल्लास से कार को फुटबॉल की ही भाँति कड़ी ठोकर से हवा में उछाल रहा था। तीव्र वेग से धड़ल्ले से हाँफती-भागती हमारी कार हमारी साँस रोके दे रही थी। सबकी परिपाटी से बिठाई गई केशसज्जा उड़कर पूरे चेहरे पर फैल भूत-सा बना गई थी। फिलिपोव ने अपना केस खोल एक छोटा-सा डिकैंटर निकाल लिया, मैं चकित थी। इतनी छोटी-सी बोतल में पाँच नन्हें-नन्हें वोदका के गिलास! ''आप लेंगे?'' उन्होंने हँसकर पूछा।

निमाई बाबू को सुरा से अधिक लोभ, उस विचित्र सुरापात्र को देख मुखर बना गया, ''वाह! क्या बढ़िया चीज है! ऐसा एक हम भी ले जाएँगे। शिवानी दी, देख रही हैं, गुप्ती में छिपी तलवार-से कैसे 5 गिलास फटाफट निकल आए?'' ''बा, बेश तो, देखी-देखी।'' कह उन्होंने एक गिलास हाथ में लेकर मुझे दिखाया। वास्तव में कजरौटे के आकार के उस पात्र का कलेवर ऐसा था कि देखने को बित्ते-भर का पर आधपाव पेय बिना छलके भरा जा सकता था।

''देखछेन तो? आमी एकटा कीने नियेे जाबो,'' देख रही हैं? मैं एक खरीदकर ले जाऊँगा।

''पर इसमें भरने के लिए वोदका कहाँ से लाएँगे? अब तो यहाँ बड़ी सख्त पाबन्दी है।'' मैंने कहा।

''ता की हयेछे, साजिये राखबो।'' (तब क्या हुआ, सजाकर रख देंगे।)

वोदका मिलने में वहाँ कितनी कठिनाई होती थी, एक दिन पहले मैं देख

चुकी थी। एक बंगाली मित्र ने हमें खाने की कठिनाई देख, अपने यहाँ भोज पर बुलाया था और हमारे दुभाषिए से, जो उनका छात्र भी रह चुका था, आग्रह किया था कि वह कुछ वोदका की बोतलें भी ले जाए, जिनका अन्यत्र मिलना दुर्लभ था, किन्तु राइटर्स यूनियन की दुकान से सम्भवतः उपलब्ध हो सकें, किन्तु, वहाँ भी अनन्त क्यू थी। अन्य दुकानों के सामने तो तृषार्त ग्राहकों की क्यू का ओर-छोर ही नहीं दिख पा रहा था। अपने सीमित कोष से शुष्क कंठ सिंचित कर हमारे रूसी मित्रों ने कार का रेडियो चालू कर दिया, सहसा किसी लोकप्रिय रूसी गीत को सुन तीनों उल्लसित हो, उसी में स्वर मिलाकर गा रहे थे कि हमने विश्वविख्यात बेकाल झील की पहली झलक देखी। पेड़ों के घने झुरमुट से दिखता नदी का चौड़ा पाट मनोरम लुकाछिपी करता एकदम ही सामने आ गया। झील क्या थी, पूरा समुद्र थी। न ओर न छोर, केवल शुभ्र झकझक करता दर्पण-सा पाट।

"कहिए, ऐसा वैभव कहीं देखा है आपने?" फिलिपोव के लम्बे-ऊँचे कद का प्रतिबिम्ब उनके अपने देश की उस अपूर्व झील में प्रतिबिम्बित होकर गर्व से मुस्करा उठा।

"कहा जाता है कि इसका जल ऐसा स्वच्छ है कि आप एक नन्हें कोपेक का सिक्का इसमें डाल दें, तो तीन मील की गहराई तक उसे धँसता आप स्वयं देख सकते हैं। 'बेकाल' का रूसी में अर्थ है 'वैभव', हमारी समृद्धि का समृद्धतम रत्न है यह। मैंने जीवन में अनेक सिन्धु देखे हैं, अनेक झीलें, किन्तु ऐसी स्वच्छ झकझक करती जलराशि इतिपूर्व कभी नहीं देखी।" फिलिपोव ने जेब से एक बोतल निकाली, पानी भरकर मुझे थमाया, "पीकर देखिए," मैंने देखा, कितने ही पर्यटक साथ में लाई बोतलों में जल भरकर गटक रहे थे, जैसे हमारे देश के तीर्थयात्री परमश्रद्धा से गंगाजल पी-पीकर गंगाजली में जल साथ लिए जा रहे हों। दूर-दूर तक फैली फेनोज्ज्वल स्वच्छ जलराशि का जैसे आदि-अन्त ही नहीं था।

बेकाल झील को प्रकृति प्रदत्त एक आश्चर्य कहा गया है—'Natures wonder'। यह संसार की सबसे गहरी झील है (1,620 मीटर)। संसार के स्वच्छतम जल का 1/5वाँ भाग अपनी विराट् परिधि में समेटे, यह निश्चय ही प्रकृति की एक अनुपम कृति है। जिसने भी इसका 'बेकाल' अर्थात् 'समृद्धि' नाम धरा, कोई अतिशयोक्ति नहीं की। वैसे भी सोवियत देश, नदियों का देश है। यहाँ कुल मिलाकर 100,000 नदियाँ हैं। कुछ की गति है धीर-गम्भीर जैसे

पश्चिमी साइबेरिया की ओब नदी और कुछ एंगारा जैसी तीव्र वेग से, गर्जन-तर्जन से दिशाएँ गुंजाती वेगवती नदियाँ हैं। सोवियत देश की सबसे लम्बी नदी लेना (4,400 कि.मी.) भी साइबेरिया में है।

बेकाल झील के हिमशीतल जल में हाथ-मुँह धो, जी भर पानी पीते ही हमारी लम्बी कार यात्रा की थकान पल-भर में दूर हो गई। साँझ होने से पूर्व ही हम अपने होटल लौटने की तैयारी करने लगे।

"चलिए, आपको वह स्थान दिखा दूँ, जहाँ आपके देश के प्रधानमन्त्री रुके थे, पर तब वे प्रधानमन्त्री नहीं थे।"

पास ही में बने एक भव्य रेस्तराँ में हम पहुँचे, तो एक भी मेज खाली नहीं थी। लकड़ी की दीवारों पर ठेठ रूसी कलात्मक सज्जा में पीतल की कीलों से विभिन्न आकार बने थे। ठंडी हवा से हिलते मखमली पर्दों की चिलमन से दूर-दूर तक फैली हरीतिमा को निहारते ही हमारी भूख शान्त हो गई।

इस बार भी हमारे मेजबान फिलिपोव ही थे। मैं केवल निरामिष ही खाती हूँ और मुझे कहीं भी कुछ नहीं मिल पा रहा है, देख वे बार-बार मुझसे कहते, "आप तो भूखी ही रह जाएँगी। अभी हमें बहुत घूमना है।"

किन्तु प्रतिदिन दीर्घपथ के ड्राइव की क्लांति स्वयं ही विलीन हो जाती थी, रह जाता था केवल असीम उत्साह। तीव्र स्रोता, असीम शक्तिशालिनी बेकाल झील ने ही भूख-प्यास मिटा दी थी।

तीसरे दिन, हमें गुरुपोव, साइबेरिया का म्यूजियम दिखाने ले गए, "वहाँ तो कार नहीं जाएगी। आपको पैदल ही चलना होगा। चल पाएँगी ना?" उन्होंने पूछा।

मुझे मैत्रेयी दी का शान्त हास्योज्ज्वल चेहरा याद हो आया। वार्धक्य से अशक्त होने पर भी कैसा अदम्य उत्साह रहता था उन्हें। आज वे हमारे साथ होतीं तो इन विचित्र स्थानों की परिक्रमा उन्हें कितना उल्लसित करती।

"लौटते में मैं आपको अपने कॉटेज में ले चलूँगा। मेरा परिवार, छुट्टियों में वहाँ चला जाता है। आपको बहुत अच्छा लगेगा।"

मैंने सोचा था, म्यूजियम वैसा ही होगा, जैसा आमतौर पर हुआ करता है। मॉस्को में कितने ही संग्रहालय तो देख चुकी थी, किन्तु दूर कार रोककर, हम गहन अरण्य की जिस गहराई में उतरते चले गए, उसे देख लग रहा था, मंजिल बहुत दूर है। जंगली फूलों की विचित्र सुगन्ध, दीर्घदेही वृक्ष, मजाल है, जो किसी पुष्ट तने के बीच एक-आध कटा तना दिख जाए। अपनी वन-सम्पदा

की सुरक्षा कोई साइबेरियन्स से सीखे, जिधर दृष्टि जाती, उधर ही प्रहरी-से खड़े लम्बे-लम्बे पेड़, हवा ऐसी कि लगता पुरवैया के मृदुल झोंके हमें पुलकित कर रहे हों।

इसी बीच एक नए ही पुष्प राजि को देख हम ठिठक गए। हवा में घूमते नीले, टूटे, गुलाबी फूल, दूर से देखने पर गुलाब-से लगनेवाले इन विचित्र पुष्पों की सुगन्ध कुछ-कुछ हमारे बनप्सा के पुष्पों की सुवास से मिलती-जुलती है, कोमल ऐसे कि तोड़ते ही कोपलें बिखरने लगती हैं, उन्हीं में से दो बड़े-बड़े लाल फूल तोड़कर गुरुपोव ने मुझे थमाए। मैंने जूड़े में खोंस लिए, तो वे प्रसन्न हो गए। अपनी दूधिया हँसी का अर्घ्य मुझे समर्पित कर, उन्होंने अपनी भाषा में क्या कहा, मैं न समझने पर भी समझ गई कि वे कह रहे हैं, 'वाह! बहुत अच्छे लग रहे हैं।' हाथों को अपने बालों में लगा, अपनी प्रशंसापूर्ण दृष्टि से उन्होंने मुझसे अपनी मौन भाषा में ही स्पष्ट कर दिया कि जूड़े में फूल बहुत अच्छे लग रहे हैं!

मैं सोच रही थी कि 63 वर्ष की उम्र में, यही धृष्टता मैंने अपने देश में की होती तो बीसियों भर्त्सनापूर्ण अँगुलियाँ मेरी ओर उठ जातीं! मैंने उन्हें धन्यवाद दिया और परम उत्साह से हम कठिन बलखाती पगडंडियाँ पार करने लगे। चलते-चलते पैर दुखने लगे थे, प्यास से गला सूख रहा था, किन्तु कहीं भी पानी नहीं दिखा। यदि हमारे मेजबान हमें वहाँ छोड़ जाते, तो हम लाख भटकने पर भी कभी बाहर लौट कार तक पहुँचने का मार्ग नहीं ढूँढ़ पाते। जब हम चले, तो प्रखर सूर्य का आलोक आँखें चौंधिया रहा था, यहाँ घने द्रुमों की छतरियों ने सूर्य का प्रवेश निषिद्ध कर दिया था। बार-बार उस बँगला कविता की पंक्तियाँ याद हो आ रही थीं :

रविहीन मणिदीप्त प्रदोषेर देशे—
जगतेर नदी-गिरि सकलेइ शेषे

काश, हमारे साथ कैमरा होता, प्रतिपल बदलता प्रकृति का वह अनूठा रूप, विश्व का सुन्दरतम दृश्य लग रहा था, किन्तु क्या केवल स्मृति-संचय से ही उसे अपने पाठकों तक पहुँचा पाऊँगी? कैमरा तो लाई ही नहीं थी।

भाषा यहीं पर कभी व्यर्थ प्रतीत होने लगती है। लग रहा था, हम एक ऐसे विराट् गम्भीर लोक में पहुँच गए हैं, जिसका सौन्दर्य वर्णनातीत है।

उस रोमांचकर अनुभूति को लिपिबद्ध करने के लिए आज उपयुक्त शब्द नहीं ढूँढ़ पा रही हूँ।

''वह रहा म्यूजियम।'' गुरुपोव ने हमें अँगुली का इशारा कर दूर विस्तृत छोटी-सी बस्ती दिखाई। हमारा उत्साह धीमा पड़ गया। इतनी दूर क्या इसी संग्रहालय को देखने आए थे हम! लग रहा था किन्हीं आदिम अधिवासियों की उजड़ी बस्ती का अवशेष बिखरा था। रूक्ष, अनुर्वर भूखंड पर बिखरे नीलाभ, काले, फीरोजी–विचित्र वर्ण के शिलाखंड। इन्हीं के लिए तो साइबेरिया प्रसिद्ध है। मार्ग में जिन-जिन एयरपोर्ट पर विमान क्षणिक विश्राम के लिए उतरा, वहाँ-वहाँ एक काँच के शोकेस में, इन रंग-बिरंगी शिलाखंडों के नमूने हम देख चुके थे। सैकड़ों वर्ष पूर्व यहाँ सघन बस्ती थी, फिर न जाने किस दैवी प्रकोप से त्रस्त हो यह बस्ती उजड़ गई–आज उसी युग का इतिहास इन संग्रहालयों में सुरक्षित है। गुरुपोव हमें भीतर ले गए तो देखा, वहाँ विदेशी पर्यटकों की भीड़ जुटी थी।

संग्रहालय देखा, तो लगा भारत के ही किसी पुराने गाँव में पहुँच गई हूँ। कहीं ओखली और मूसल, कहीं मिट्टी-पुती दीवार पर टँगा ठेठ भारतीय सूप, अनाज नापने का काठ का डमरू-सा पात्र, कपड़े धोने का आकारहीन मुँगरा, हमारे देश का-सा ही सिल-बट्टा, बैठने की मोढ़ेनुमा कुर्सियाँ, बच्चे का पालना, खटोली, प्रत्येक शिलाखंड में जैसे गुँथा था पृथ्वी के क्रमविवर्त्तन का इतिहास।

''कैसा लग रहा है आपको?'' आर्काडी ने मुझसे पूछा।

''बिल्कुल अपने देश-सा। अन्तर यही है, जो वस्तुएँ अब आपके संग्रहालय में आ गई हैं, उन्हें हमारे गाँवों में अभी भी काम में लाया जाता है, जैसे यह चक्की, सूप, फावड़ा, कुदाली।''

उनकी हाथ-चक्की को जितना ही देख रही थी, उतना ही आश्चर्यचकित हो रही थी। हमारी चक्की के पाट पत्थर के होते हैं, उनकी चक्की के पाट चिकनी लकड़ी के बने थे, फिर अनाज कैसे पिस पाता होगा?

''चलिए, अब आपको यहाँ की सैकड़ों वर्ष पुरानी एक ऐसी जगह ले चलते हैं, जहाँ पहुँचकर आप ही को पहेली बुझानी होगी कि वह आखिर है क्या?''

जिस ढालू छतवाले बड़े-से कमरे में वह हमें ले गए वहाँ हमें नतमस्तक होकर भीतर जाना पड़ा। तंग द्वार की काठ की चौखट किसी प्रागैतिहासिक युग का अवशेष लग रही थी। भीतर जाते ही ऐसी ठंड ने हड्डियाँ कँपा दीं, जैसे किसी अदृश्य कोने में शक्तिशाली ए.सी. चल रहा हो। अँधेरा ऐसा था कि हाथ-को-हाथ सूझ नहीं रहा था। लपककर आर्काडी ने खिड़की खोल दी

और उजाले में कमरा झकझक कर उठा। एक कोने में बड़े-बड़े पत्थरों का स्तूप धरा था, बीच में चार शिलाखंडों पर टिका एक लकड़ी का तख्ता, जो छूने पर रेशम-सा स्निग्ध लगा। दूसरी ओर बड़े-से काठ के चार रिक्त कठौते पड़े थे। पूरे कमरे में गुग्गल की-सी मीठी-मीठी खुशबू फैली थी, यद्यपि कहीं भी कुछ नहीं जल रहा था। मैंने झुककर काठ की पाटी को सूँघा, फिर द्वारों को, सुगन्ध का स्रोत निःसन्देह वही काष्ठकृत स्थापत्य था।

"बताइए शिवानीजी, क्या रहा होगा यह?"

"पूजागृह?" मैंने कहा, "क्योंकि ऐसी अवसन्न सुवासित धूम्र रेखा तो हमारे देवालयों में ही आती है।"

"पूजागृह?" आर्काडी को मेरे मूर्खतापूर्ण उत्तर पर हँसी आ गई।

रूस में रहकर भी क्या मैं इतना नहीं जान पाई? वह देश तो मूर्तियों की नहीं कर्मदेवता की ही पूजा करता है।

"किसी का समाधिस्थल?"

"नहीं, यहाँ इस बस्ती की महिलाएँ, सन्तान को जन्म देने आती थीं।"

"ओ, आतुड़ घर (जच्चाघर), बुझ लेन, ओरे बाबा, जा ठांडा।" निमाई बाबू बोले। (इतनी ठंड में जच्चा-बच्चा जी कैसे पाते होंगे।)

"वह पत्थरों का स्तूप देख रहे हैं? उन्हें पहले खूब आग जलाकर गरमाया जाता था, फिर उनके तपने पर ढेरों पानी डाला जाता और जो भाप का गर्म भभकारा उठता, उसे जच्चा पास खड़ी होकर अपने उदर और कमर पर झेलती, फिर उसके इस काठ के तख्ते पर लेटते ही पल-भर में अनायास ही सुगम प्रसव हो जाता था। इस तख्ते पर न जाने कितनी असंख्य नारियों ने प्रसव-वेदना झेली है। आज तो ग्राम-ग्राम में अस्पताल बन गए हैं और यह जच्चाघर हमारी आधुनिक पीढ़ी के लिए संग्रहालय बन गया है।"

मुझे लगा प्रकृति और मानव का कार्यकलाप इस देश में कितना मिलता-जुलता रहा होगा! जननी के गर्भ में जिस अन्धकार का अभ्यस्त शिशु इस अन्धकार में पहली बार आँखें खोलता होगा, वहाँ उसे यही लगता होगा, वह अभी माँ के ही गर्भ में है, फिर पीड़ाहीन प्रसव का यह कैसा अद्भुत प्रयोग था, न आज के-से फौर्सिप या सिजेरियन का आतंक, न ईथर की भयानक दुर्गन्ध!

प्राचीन पुराकीर्ति के उन ध्वंसावशेषों को देख मन नहीं भरा था, पर लौटना तो था ही। हम लौट ही रहे थे कि सामने ही दो विराट् शिलाखंडों की बनी

एक चक्की दिखी।

"कहते हैं, इसमें जल-प्रवाह से आटा पीसा जाता था।" आर्काडी ने बतलाया, "पहाड़ में तो अभी भी ऐसी अनेक चक्कियाँ हैं। इन्हें 'घट' कहते हैं। देखिए ना, मानव सूझ का कैसा अद्‍भुत चमत्कार है! कौन-सी इंजीनियरी पढ़ी होगी इन्होंने?"

मैं यही सोच रही थी, इनकी आवश्यकताएँ ही इनके लिए धीरे-धीरे आविष्कार बन गईं। आज भी उस अरण्य में वे विराट् शिलाखंड की चक्कियाँ महाकाल की प्रहरी बनी खड़ी हैं।

प्यास से गला सूख रहा था। हमारे मेजबान, कारचालक सहित, वोदका से अपना तृषार्त कंठ सिक्त कर चुके थे। मार्ग में एक शीतल पेय की छोटी-सी दुकान दिखी। बड़े उत्साह से हमने कार रुकवाई, किन्तु वहाँ भी मिनरल वॉटर के अतिरिक्त कुछ नहीं था और उस विचित्र स्वादहीन जल को हमारी भारतीय जिह्वा स्वीकार करने को तत्पर नहीं हुई।

लगभग दो घंटे में हम गुरुपोव के कॉटेज के पास पहुँचे। कार थोड़ी दूर पर ही रोकनी पड़ी। कॉटेज तक का मार्ग संकीर्ण था। गुरुपोव की किशोरी पुत्री ऐनी पिता को देखते ही भागकर उनसे लिपट गई। फिर वह हमें देखकर सकुचा गई। कौन थे हम? कहाँ से आए थे? अपनी भाषा में उसने पिता से पूछा, फिर विशुद्ध अंग्रेजी में हमारी ओर उसने अपना हाथ बढ़ाकर कहा, "आपका स्वागत है! आइए, मेरी माँ-नानी आपको देखकर बहुत प्रसन्न होंगी।"

उस छोटे-से सुन्दर कॉटेज में बिताए दो-तीन घंटे मुझे जीवन-भर स्मरण रहेंगे। ऐसा लग रहा था जैसे उस स्नेही परिवार से हमारा वर्षों का परिचय रहा हो। खिड़कियों पर लगे दुग्ध-धवल लेस के पर्दे, रंग-बिरंगे त्रिकोणी टुकड़े जोड़कर बनाई गई गद्दियाँ, दीवार पर लगे तैलचित्र, साइबेरिया का नक्शा। अलमारी में ठँसी पुस्तकें। हमारे अकस्मात् अतिथि बनकर आ धमकने की इस परिवार को कोई पूर्वसूचना नहीं थी। आसपास कोई बाजार भी नहीं था, फिर भी देखते-ही-देखते, पटु गृहिणी और उनकी माँ ने हमारे लिए कितने ही सुस्वादु व्यंजन मेज पर सजा दिए। नर्म रुई से हल्के गर्म-गर्म मफिन, चमकते-से सैमूबर में उबलती चाय और काँच के पारदर्शी पात्र में नारंगी रंग का एक अत्यन्त स्वादिष्ट जैमनुमा पदार्थ। मैंने ऐसा स्वादिष्ट जैम इतिपूर्व कभी नहीं खाया।

"यह क्या कोई विशेष रूसी फल का जैम है?" मैंने पूछा।

"इसे मेरी ममी ने आज ही बनाया है।" ऐनी ने कहा, "यह एक प्रकार की रसीली जंगली बेरी है। इसके बादाम को भी तोड़कर इसमें डाला जाता है। चाहे आप ऐसे ही खाइए, चाहे इसमें पानी मिलाकर शरबत बनाकर पीजिए।"

"इसमें निश्चय ही कोई आसव मिलाया गया है, शिवानी दी, तब ही इतना सुस्वादु लग रहा है।" निमाई बाबू ने बँगला में कहा, तो मैं चौकन्नी हो गई। कहीं ऐसा ही तो नहीं था, तब तो नशे में झूमते-झामते होटल तक पहुँच पाएँगे? मैंने अपनी शंका व्यक्त की तो दुभाषिए ने मेरा प्रश्न तत्काल मेजबान तक पहुँचा दिया।

अपने दोनों हाथ जोर-जोर से हिला वे मेरी शंका का खंडन कर अपनी पत्नी से कुछ कहकर हँसने लगे, "नो-नो, ऐसा कुछ नहीं है इसमें। इसमें यह आसव का स्वाद स्वयं विधाता ने मिलाया है। आप निश्चिन्त होकर खाएँ। नशा-वशा कुछ नहीं होगा।"

"अभी मैं आपको भारतीयों की प्रिय एक और चीज खिलाऊँगी।" थोड़ी ही देर में वे एक तश्तरी में ताजी प्याज की पत्तियाँ और हरे धनिये की गड्डी लेकर आ गए, "है ना आपके देश की चीज? मैंने अपने खेत में उगाई हैं।"

मुझे स्मरण नहीं पड़ रहा था कि कभी अपने देश में प्याज की हरी पत्तियाँ और हरा धनिया यूँ ही उठाकर चबाया हो, फिर उस सुस्वादु जैम का स्वाद भी विनष्ट नहीं करना चाह रही थी, किन्तु मेजबान मुझे निरन्तर स्नेह विगलित दृष्टि से निहार रहे थे, मैंने लपककर धनिया उठा लिया और चबाने लगी।

"अब आपको अपनी स्टडी में ले चलूँ।"

कॉटेज से कुछ दूरी पर उन्हीं के हाथों से बनी वह निभृत कुटिया देख मेरा मन ललचा गया। खुली खिड़की से आती ठंडी हिमशीतल साइबेरियन बयार, गुदगुदी गद्दियाँ बिछी आरामकुर्सी, चारों ओर ठँसी-फँसी पुस्तकों का अम्बार।

"मैं यहीं बैठकर लिखता हूँ।"

वाह, क्या जगह थी लिखने के लिए! काश, ऐसी ही कुटिया मैं भी बना पाती! न कोलाहल, न कलरव, ठंडी हवा के झोंके, बस हाथ में कागज और कलम।

मैंने उनकी खिड़की के काँच से बाहर झाँका। प्रकृति की कैसी मोहमयी

छटा थी यह! लग रहा था, यह वह पृथ्वी नहीं है, जिसे हम पहचानते हैं। चारों ओर बिखरी विचित्रवर्णी शिलाएँ, प्राचीन स्थापत्य को स्वयं प्रकृति के शिल्प कर्म ने ही जैसे बीच-बीच में आकर सँवार दिया था। नीलाभ आकाश पट में सूर्य की प्रखरता क्षीण हो चली थी। इस जनविरल निर्जन मरुप्रान्त में ये दो रमणियाँ अकेले कैसे रहती होंगी, वह भी सुन्दरी किशोरी पुत्री के साथ?

श्रीमती गुरुपोव स्वयं इंजीनियर हैं। माँ उनके साथ ही रहती हैं। वयस होने पर भी उनकी सुगभ देहगढ़न देख मैं दंग रह गई। लगभग सत्तर की होंगी, किन्तु न चेहरे पर झुर्रियाँ न सतर देह में वार्धक्य की अशक्तता।

साथ में लाए उपहारों का कोष मॉस्को में ही रिक्त हो चुका था, मेरे पास नाथद्वारे की बनी चाँदी की नन्हीं-सी तम्बाकू की डिबिया थी, जर्दे की सुगन्ध से सुवासित, मैंने वहीं ऐनी को थमा दी। प्रसन्नता से उसकी नीली आँखें चमक उठीं, "ओह, धन्यवाद! ममी-ममी, देखो, कितनी सुन्दर है। मैं इसे हमेशा अपने पास सहेजकर रखूँगी। अपनी सब सहेलियों को दिखाकर कहूँगी, यह मुझे उन्होंने दी है, जो मेरे पापा की तरह किताबें लिखती हैं।"

घड़ी रात्रि की आगमनी की सूचना दे रही थी, किन्तु बाहर था भर दुपहरिया का आलोक। बड़ी अनिच्छा से हमने विदा ली। हमारी साइबेरिया यात्रा सचमुच उस स्नेही परिवार की मेजबानी ने सार्थक कर दी थी। हमारी कार चली, तो ऐनी की बांधवियों का दल भी भागकर हमें विदा देने जुट गया। बड़ी देर तक हम उन किशोर हिलते हाथों को देखते रहे, फिर हमारी कार धामन सर्पिणी की तीव्रगति से भागने लगी। पिनियन पाहन और ज्यूनियर वृक्षों की सघन छतरियाँ निरन्तर हमारे सिर पर चँवर-सा डुला रही थीं। आँखें स्वयं मुँदी जा रही थीं। यह उस जंगली बेरी की नशीली लोरी ही हमें सुला रही थी या दीर्घ ड्राइव की सुखद क्लांति?

रात होटल में पहुँचे, तो ग्यारह बज चुके थे। उष्ण जल के स्नान ने समस्त क्लांति दूर कर दी। कैफेटेरिया बन्द हो चुके थे। रेस्तराँ तो ठीक आठ बजे ही बन्द हो जाते थे। जाने से पूर्व कमरे के फ्रिज में एक बोतल दही रख गई थी। वहाँ के दही का स्वाद ही अनोखा होता है। कुछ सुगन्ध का जायका, कुछ निखालिस दूध का योगदान। मलाई की तह और मिट्टी के भाँड में खौलाए हमारे देश के गोरखपुरी दही की-सी सौंधी मिठास। वही खाकर भूखे पेट ने स्वयं समझौता कर लिया।

मैं बड़ी देर तक कमरे में लगे टेलीविजन पर रूसी कार्यक्रमों को देखती

रही। कोई लम्बा रूसी नाटक आ रहा था। सहसा बाहर कोलाहल सुन मैं खिड़की पर खड़ी हो गई। जो दृश्य देखा, वह शायद ही फिर कभी देखने को मिलेगा। हाथ में जलती मशालें लिए फौजी वर्दी में हजारों स्त्री-पुरुष दमकते तमगे लटकाए उच्च स्वर में गाते चले जा रहे थे। सहसा याद आया, होटल की फ्लोर क्लर्क ने हमारे दुभाषिए के माध्यम से हमें सूचना दी थी, "आज रात दस बजे यहाँ का प्रसिद्ध जुलूस निकलेगा। आप अवश्य देखिएगा।"

22 जून, 1941 में सोवियत यूनियन पर नाजी आक्रमण हुआ था। नाजियों ने लगभग सम्पूर्ण यूरोप को ही बन्दी बना लिया। एकमात्र सोवियत यूनियन ही लौह-शृंखला बन नाजी शक्ति को प्रभावहीन बना सका था। विराट् सेना, 5,000 लड़ाकू विमान, चार हजार टैंक एवं 50,000 बन्दूकों को व्यर्थ कर नाजी कत्लेआम करते बढ़ते जा रहे थे। रूस को नेस्तनाबूद करने की लालसा ही उन्हें अस्वाभाविक रूप से क्रूर बना गई थी। उधर रूस का बच्चा-बच्चा अपनी मातृभूमि की रक्षा के लिए कटिबद्ध होकर आगे बढ़ आया था। नाजियों की पराजय हुई। स्तालिनग्राद में, बर्लिन में लाल झंडा फहराया गया और उसी दिवस की स्मृति में प्रतिवर्ष यह जुलूस निकलता है। यह रूसी विजय पूरे 1418 दिनों के कठिन युद्ध के पश्चात् प्राप्त हुई थी। कैसी विषम परिस्थितियों में यह लड़ाई लड़ी गई। यह युद्ध जो मॉस्को में आरम्भ हुआ, बर्लिन में समाप्त हुआ। न जाने कितने वीर रूसी जवानों की बलि ले चुका था। इसका वर्णन वहीं की एक पुस्तक में पढ़ा, तो रोंगटे खड़े हो गए :

"Exhausted after endless battles, they pushed forward, from one firing line to another, digging trenches, burying their comrades in mass graves, fighting the enemy hand to hand, they were prepared to die any moment."

अनन्त युद्ध की विभीषिका से क्लांत, वे (रूसी) निरन्तर आगे बढ़ते रहे, एक गोलाबारी से जूझते, दूसरी तक खाइयाँ खोदते, अपने साथियों को एक ही कब्र में दफनाते, शत्रु से आमने-सामने खड़े होकर वीरता से लड़ते वे प्राण हथेली पर लिए डटे रहे।

लाखों सैनिक, नागरिक मारे गए। रूस का एक भी परिवार ऐसा नहीं था, जिसके बेटे खेत न रहे हों। जो बचे रह गए थे, वे भला युद्ध की उस विभीषिका को कैसे भूल सकते थे! वही स्मृति-दिवस इस जुलूस के रूप में प्रतिवर्ष मनाया जाता है।

ग्राम-ग्राम से सैकड़ों मील की दूरी पार कर इस जुलूस में भाग लेने आए कई भूतपूर्व योद्धा हमारे होटल में ही ठहरे थे। दूसरे दिन ऐसे ही एक वयःनमित नब्बे वर्ष के वृद्ध सज्जन से होटल लाउंज में मेरी भेंट हुई। उन्हें थोड़ी-थोड़ी अंग्रेजी आती थी।

''आप भी क्या कल रात के जुलूस में थे?'' मैंने पूछा।

''उसी के लिए तो इतनी दूर से आया हूँ।'' उन्होंने हँसकर कहा, तो स्वस्थ दन्तपंक्ति पर ठुकी नील सोने की कीलें एकसाथ दगदगा उठीं।

''अब बहुत कठिन हो गया है उतनी दूर से आना, पर जब तक ताकत है, प्राण हैं, अवश्य आऊँगा।''

मैं कुछ पिक्चर पोस्टकार्ड लिख, अपने पौत्र-पौत्रियों को भेज रही हूँ देख, वे मेरी अनुमति ले, उन्हें गौर से हाथ में लेकर देखने लगे।

''यह कौन-सी भाषा है?''

''हिन्दी, मेरी मातृभाषा हिन्दी ही है।''

''कितनी सुन्दर लगती है! चित्रों-सी सुन्दर!'' उन्होंने हिन्दी के खुशखत की प्रशंसा की, तो मैंने उन्हें दो-तीन भारतीय भाषाओं की वर्णाक्षरी लिखकर दिखाई।

''इस कागज को मैं ले जा सकता हूँ? अपने परपोतों-परपोतियों को दिखाऊँगा। जानती हैं, मेरी भारत जाने की बड़ी इच्छा थी, पर कभी जा नहीं पाया। वैसे मैंने किपलिंग को पढ़ा है। आपने पढ़ा है? और तगौरा (टैगोर)...?''

मैंने जब उन्हें बताया कि मैंने रवीन्द्रनाथ ठाकुर के आश्रम में ही पढ़ा है, स्वयं उनसे ही बँगला सीखी है, तो वे उत्तेजित होकर खड़े हो गए।

''आपने तगौरा को देखा है? सच?'' मेरा हाथ थामकर उन्होंने ऐसे सम्मान से माथे से लगा आँखें मूँद लीं, जैसे मैं स्वयं तगौरा हूँ।

''सुनिए, मैं आपकी भेंट अपनी पत्नी से कराना चाहता हूँ। आप एक मिनट यहीं प्रतीक्षा करेंगी? मैं उन्हें बुला लाऊँ।''

वे उठकर जिस फुर्ती से लिफ्ट की ओर लपके, लगा कोई बीस-बाईस वर्ष का युवक ही भाग रहा हो। थोड़ी ही देर में वे अपनी पत्नी को लेकर आ गए। पति की अपेक्षा पत्नी अधिक हृष्ट-पुष्ट थीं। पोपले मुँह की वह दन्तहीन हँसी देख मैं मुग्ध हो गई। ठेठ रूसी पहनावा, सिर पर बँधा कज्जाकी रंगीन स्कार्फ, कानों में ऐमूरी लटकन। मेरे पास आकर वे मेरी साड़ी के सुनहली

जरीदार आँचल को सहलाकर कुछ कहने लगीं।

"Very pretty! Very pretty!" उनके पति ने कहा, फिर हम दोनों को साथ खड़ी कर, चट से कैमरा साध लिया। "I hope you don't mind!" वे बोले। उनके उस निष्कपट स्नेह से विगलित हो, न मैं उनका नाम-पता पूछ पाई, न यह ही कई पाई कि कृपया इस तस्वीर की एक कॉपी मुझे भी भेजें। उस अनजान व्यक्ति के अनजान कैमरे में बन्दी हम दो अपरिचितों की तस्वीर भले ही मुझ तक न पहुँचे, उस गृह की रत्नगर्भा परिधि में तो पहुँच ही गई होगी, जहाँ से इस वीर वृद्ध दम्पति के पाँच-पाँच पुत्रों ने महायुद्ध में अपने प्राणों की बलि दी थी।

दूसरे दिन हमें मॉस्को लौटना था, टिकट आ गए थे। पासपोर्ट भी जाँचे जा चुके थे, पर फिर भी भय हो रहा था, कहीं ऐसा न हो उड़ान फिर हाथ से निकल जाए! मैंने यूरीकुष्ट का बाजार नहीं देखा था। कुछ सामान्य-सी खरीदारी भी करनी थी। निमाई बाबू कुछ शॉल लेना चाह रहे थे। मेरी आर्थिक स्थिति उतनी सुविधाजनक नहीं थी, फिर भी संसार की ऐसी कौन-सी स्त्री है, जिसे नए शहर का बाजार देखने की ललक नहीं खींचती। गुरुपोव हमें पहले वहाँ की सबसे बड़ी पुस्तकों की दुकान में ले गए। वहीं से उन्होंने हमें अपनी पुस्तक खरीदकर दी। उसकी एक प्रति हम गोर्की म्यूजियम में भी देख चुके थे, जहाँ प्रायः सभी नए-पुराने लेखकों की कृतियाँ बड़े करीने से शो-केस में लगी हैं।

मेरा बहुत मन था एक छोटा-सा समरकंदी गलीचा खरीदूँ। वहाँ गई तो दाम देखकर साहस नहीं हुआ।

''शिवानीजी, मैं मॉस्को जाने पर आपको एक ऐसी जगह ले चलूँगा, जहाँ आपको कम दाम के छोटे गलीचे मिल जाएँगे।'' आर्काडी ने मुझे दिलासा दिया। मुझे उस स्नेही रूसी दुभाषिए की यही बात सबसे अच्छी लगी। उसके पास प्रतिक्षण हर मर्ज की दवा रहती थी। हम कहीं भी घूमने जाते या खाने का प्रस्ताव रखते, वह तत्काल हामी भर देता, भले ही उसे पूर्ण करने में बेचारा फिर वैसी तत्परता नहीं दिखा पाता था।

निमाई बाबू जब सत्तर-सत्तर रूबल के भड़कीले लाल-पीले शॉल खरीदने में व्यस्त थे, मैं एक छोटी-सी दुकान से साइबेरियन पत्थरों की चूड़ियाँ, मालाएँ खरीद रही थी। हरे पत्थर की चूड़ी खरीदी, तो देखा, बहुत बड़ी थी, पर उस पत्थर की प्रशंसा सुन चुकी थी। किडनी के आकार का वह हरा पत्थर गुर्दे

की बीमारी में बड़ा लाभप्रद होता है।

निमाई बाबू ने देखा तो बच्चों-से मचल पड़े, "मैं भी लूँगा एक।"

"पर देख नहीं रहे हैं, कितनी बड़ी चूड़ी है? हमारी भारतीय कलाई से उठकर बाँहों का अनन्त बन जाएगी।"

"ता की हयेछे, सोना लागिये देवो दूधारे।" (तो क्या हुआ, दोनों ओर सोना लगवा दूँगा।)

यह बात तो मेरे दिमाग में आई ही नहीं। सच, दो सोने के पत्तरों में बंदी बनाकर तो यह अपूर्व आभूषण बन सकती थी। ऐसी योजना, निमाई बाबू के उर्वर मस्तिष्क में ही उपज सकती थी। कौन-सी वस्तु, कहाँ सस्ती खरीदी जा सकती है और भारत पहुँचने पर किस उपयोग में लाई जा सकती है, वे मिनटों में सोच तत्काल खरीद लेते।

"अगले वर्ष मेरे पुत्र का विवाह है। ऐसा नवीन आभूषण दूँगा, तो सब प्रशंसा करेंगे, है ना?"

ऐसा आनन्दी, मस्त, फक्कड़ यायावर साथ रहे, तो रूसी दुर्गम यात्रा भी सरस हो उठती है। मैंने न उन्हें कभी उत्तेजित देखा, न धैर्यच्युत। एक मँजा हुआ प्रखर वक्ता, उतना ही धैर्यशील श्रोता। होटल में तो दूर, कार में भी कभी अपना ब्रीफकेस नहीं छोड़ते, "ऐसा व्यक्ति कभी धोखा नहीं खाता, निमाई बाबू।" मैंने एक दिन कह दिया, तो सशंकित दृष्टि से मुझे घूरकर बोले, "कैनो बलून तो?" (क्यों, बताइए जरा?)

"इसलिए कि आपने अभी उस दिन मुझे अपनी जन्मकुंडली दिखाई है। सिंह लग्न है आपका—'कठिनः प्रियामिषः पैत्तिको कृपणः स्वतथ संमतः ख्यातः।' (स्वयं अपने ही कृतित्व से विमुग्ध रहेंगे, सहज में पैसा नहीं खर्चेंगे, किन्तु मित्रजनों को उपहार देने में उदार भी होंगे। साथ ही कठोर, प्रियामिष, पित्तप्रबल, कृपण तथा विख्यात।) निमाई बाबू ने मेरी भविष्यवाणी सुन, प्रसन्न होकर, मित्रों के लिए तत्काल दो दर्शनीय पाइप खरीद लिए।

"और प्रियामिषः तो आप खैर हैं ही।" मैंने कहा तो वे बिगड़ गए, "कहाँ खा पाता हूँ? यहाँ यह समुद्री मछली भला किसी मत्स्य पारखी को अच्छी लग सकती है?"

मैनू आता तो वे आर्काडी से प्रत्येक लुभावने रूसी व्यंजन का अर्थ पूछते। रूसी कैवियार तो खास साइबेरिया की ही चीज थी। वोल्गा और कैस्पियन सागर में पाई जानेवाली एक विशेष प्रकार की मछली को तब पकड़ा जाता

है, जब उसका 'स्पौनिंग पीरियड' होता है। उसकी जीवितावस्था में ही फिर उसका गूदा निकाल विशेष प्रकार की छलनी में छाना जाता है, फिर उसे नमक लगाकर सुखाया जाता है। इसमें एक कैवियार लाल अंगूरी गुच्छे-सा, दूसरा काला होता है, किन्तु समुद्री मछली का वैविध्य न निमाई बाबू को मोह पाया न मैत्रेयी देवी को।

हमारा साइबेरिया प्रवास समाप्त होने को था। फ्लाइट फिर रात की ही थी। आठ घंटे की दीर्घ उड़ान की कल्पना ही हाथ-पैर ठंडे कर गई, फिर क्या पता अन्त तक जा ही न पाए। खैर, एयरपोर्ट पहुँचे, तो पता लगा यात्री बहुत कम थे, इसी से उड़ान नहीं जाएगी, हमें रात बारह बजे तक प्रतीक्षा करनी होगी। मंचूरिया से एक विमान आनेवाला है, उसमें तीन सीटें मिलीं तो हम जा पाएँगे अन्यथा लौटना होगा।

गुरुपोव हमें अकेले नहीं छोड़ना चाह रहे थे, पर निरन्तर तीन दिनों से हमें घुमाते-घूमते बेचारे बेहद क्लांत लग रहे थे। हमने उन्हें वापस जाने को मना लिया।

मंचूरिया की उड़ान नहीं मिली तो हम एयरपोर्ट पर ही रुके रहेंगे। इस बार हम उन्हें विदा देने बाहर आए। बड़े स्नेह से उन्होंने हमें विदा दी, हम भीतर जा ही रहे थे कि 'मादाम-मादाम!' सुनकर पलटी। हमारा युवा चालक हाँफता-भागता, हाथ में आइसक्रीम लिए मेरी ओर बढ़ आया। जाने से पूर्व मैंने उसे एक नन्हा-सा उपहार दिया था, वह अभी भी उसके जेब से झाँक रहा था। बेचारा यह नहीं भूला था कि मेरी प्रत्येक एकादशी का एकमात्र सम्बल यही आइसक्रीम था। उसकी स्नेहपूर्ण नीली आँखों में जो नीलाभ आर्द्रता देखी, उसे देख स्वयं मेरी आँखें भर आईं। कैसा विचित्र है यह संसार! जिसे चार दिन पहले जानती भी नहीं थी, उसका यह पुत्रवत्-स्नेह कैसा अद्भुत लग रहा था, जैसे अपने सगे बेटे से ही विदा ले रही हूँ।

इस बार निमाई बाबू को फिर बहुत पीछे सीट मिली थी। आर्काडी एक बार फिर अपना पोथी-पत्रा खोल, भक्तिकाल में पहुँच गया था। हमारे बार-बार कहने पर भी उसने हमारी उड़ान मिस करने की सूचना मॉस्को नहीं भेजी थी। प्रातः चार बजे हमें मॉस्को जाने के लिए टैक्सी मिलना असम्भव था। मिलेगी भी तो घंटों लम्बी क्यू में खड़े रहने के पश्चात्। वही हुआ, कुछ ही क्षण पूर्व बम्बई की उड़ान उतरी थी। क्यू का आदि-अन्त नजर नहीं आ रहा था। ठंड से हाथ-पैर अकड़े जा रहे थे। छोटे-से ऐरोफ्लोट में पैर फैलाने का भी स्थान

नहीं मिला था। निमाई बाबू ने एक बार फिर आर्काडी को बूथ पर भेजा, ''जाकर कहो ना, हमें लेने कार भेजें।'' किन्तु, आर्काडी ऐसा चिकना घड़ा था जो सुनता सबकी था, करता अपनी ही मनमानी।

थोड़ी ही देर में वह अपनी देवदूत की-सी हँसी से चेहरे को उद्भासित करता उपस्थित हो गया।

''कर आए फोन?''

''नहीं, इत्ती सुबह भला कोई ऑफिस आता है? मैंने ऐनी को फोन कर दिया है कि वह टैक्सी लेकर चली आए।''

''इतनी सुबह, तुम्हारी पत्नी अकेली टैक्सी लेकर आएगी?'' हमने पूछा।

''तो क्या हो गया, और कोई चारा भी तो नहीं है।''

सचमुच ही थोड़ी देर में हँसती ऐनी टैक्सी लेकर हाजिर हो गई।

हम होटल में पहुँचे, तो लगभग सब ही कमरों की बत्ती बुझी थी।

इस बार मुझे होटल के सीमान्त का कमरा मिला था, बेहद ठंडा और निर्जन, किन्तु बेहद थकान लगी थी कि तकिए पर सिर धरते ही ऐसी नींद आई कि फोन की घंटी न आती, तो शायद दिन-भर सोती रहती।

किसी हीरा ठुकराल का फोन था। पहले याद नहीं आया, फिर समझ गई, यह वही सुन्दर-सी लड़की होगी, जो मुझे सात-आठ दिन पहले एक रवीन्द्रगोष्ठी में मिली थी। एक वर्ष पूर्व विवाह हुआ। पति मॉस्को में पढ़ रहे थे। वह स्वयं संगीत शिक्षिका थी।

''तुम्हें यहाँ कैसा लगता है?'' मैंने पूछा।

तो बोली, ''लगना क्या जी, हरियाणा की हूँ। पहले तो जरा भी मन नहीं लगा। अब यहाँ गाना सिखाती हूँ। रूसी भाषा सीख रही हूँ। थोड़ा-थोड़ा बोल-समझ लेती हूँ। एक नई भाषा सीख रही हूँ यही क्या कम है?'' वही अपरिचिता, बड़े स्नेह से फोन कर रही थी, ''मैं जानती हूँ, आप यहाँ खाना नहीं खा पा रही हैं। मैं घर से आपके लिए खाना बनाकर ले आऊँगी।''

मैंने कहा, ''इधर मुझे कई गोष्ठियों में बाहर ही रहना है, तुम क्यों परेशान होती हो?'' विदेश में ऐसी किसी सर्वथा अपरिचिता की अपने लिए चिन्ता, लगाव कितना अच्छा लगता है। मैं उसे कुछ ही क्षणों के लिए मिली थी, फिर भी उसने फोन किया, मेरी कुशल पूछी।

ऐसे ही बँगला देश के राजदूत की पत्नी, मैत्रेयी दी से मिलने आईं। साथ में ढेर सारे उपहार लाई थीं। दूसरे दिन ताशकंद जा रही थीं। हमें खाने पर

नहीं बुला पाईं, इसके लिए उन्हें बेहद अफसोस हो रहा था। वहीं के द्विजेन मिश्र ने हमें नैश्यभोज पर आमन्त्रित किया और जैसा स्वादिष्ट खाना खिलाया, वह सदा स्मरण रहेगा।

मॉस्को का अनजाना परिवेश, एक और व्यक्ति ने हमारे लिए सरस बना दिया था। लखनऊ का ही विनोद, भारतीय दूतावास में थर्ड सेक्रेटरी था। आई.एफ.एस. में उसकी यह पहली पोस्टिंग थी। विनम्र, सौम्य, सदा सहायता को तत्पर विनोद ने हमारी न जाने कितनी मुश्किलें आसान कीं।

विनम्रता एवं अभिवादनशीलता, आज नवीन पीढ़ी के कितने युवा प्राणों में शेष रह गई है! जितनी तीव्रता से अपनी इस विशिष्टता को हमने अपनी ही उदासीनता से खो दिया है और प्रतिपल खो रहे हैं, वह हमारी संस्कृति के लिए एक शुभलक्षण कदापि नहीं है। आज से बीस-तीस वर्ष पूर्व तक जब हमारे गृहों में अतिथि, अभ्यागत या इष्टमित्र का आगमन होता था, तो हम बड़े अधिकार से अपनी सन्तान को पुकारकर कहते थे कि 'बेटा, बाहर जाओ, अलाँ आए हैं या फलाँ आए हैं।' आज आपका सहोदर ही क्यों न आए, क्या आप उसी अधिकार से अपने किशोर पुत्र या किशोरी पुत्री को बुलाकर ऐसा आदेश दे सकते हैं? मेरे एक परिचित अभी चार दिन पहले अपनी कथा मुझे सुना गए। अपने सगे छोटे भाई से मिलने गए। बड़ी देर तक सगे भाई के घर में ही पाहुना बने बैठे रहे। छोटा भाई जब निकला, तो उसने चट अपनी विवशता व्यक्त की, "दफ्तर के लिए तैयार हो रहा था, भाई साहब, जब से नए मुख्यमन्त्री आए हैं, दस बजे सचिवालय का गेट बन्द कर दिया जाता है। समय हो गया है, मैं चलूँ।" चलते-चलते बड़े अधैर्य से हाथ की घड़ी देखता वह अदृश्य पत्नी व पुत्र को हाँक अवश्य लगा गया, "अरे सुनती हो, भाई साहब आए हैं। बेटा राजेश, ताऊजी आए हैं।"

भाई की पत्नी तो निकली, पर भतीजा बाहर नहीं निकला।

"क्या जमाना आ गया है, देखिए, उसी भतीजे को देखने तो हम इतनी दूर से आए थे पर इस साहबजादे को इत्ती फुर्सत नहीं थी कि बाप के बड़े भाई से मिल लें!"

आज उसी साहबजादे को नहीं, भारत के किसी भी साहबजादे को जब सगे बाप के लिए फुर्सत नहीं रही, तो ताऊ के लिए कैसे रह सकती है! इस पीढ़ी के लिए, तो आज सठियायी पीढ़ी से बड़ा मूर्ख और कोई हो ही नहीं सकता, भला क्यों उससे मिलकर मुँह का स्वाद खराब करें।

ऐसे ही एक आत्मीया से मिलने गई, तो वर्षों बाद मुझे देख वह प्रसन्न हो गई, "अरी रीनी, बाहर कौन आया है देख, मौसी आई हैं।"

रीनी उसकी किशोरी पुत्री थी और दिल्ली के किसी प्रख्यात कॉलेज में पढ़ रही थी, जहाँ की नकचढ़ी छात्राएँ, अन्य सीधे-सादे कॉलेज की छात्राओं को बड़ी अवज्ञा से 'बहनजी' टाइप छात्राएँ कह सम्बोधित करती हैं। यह अभिज्ञता रीनी की जननी मुझे बड़े गर्व से थमा रही थी। रीनी दो बार पुकारने पर भी नेपथ्य में ही गुनगुना रही है देख उसने झल्लाकर फिर पुकारा, "अरी रीनी, सुना नहीं क्या? मौसी आई हैं।"

"Oh Shit, ममी, चिल्ला क्यों रही हो? देखती नहीं, मैं फोन कर रही हूँ!" बस प्रथम शब्द की दुर्गन्ध से ही, मैंने अदृश्य हाथों से नथुने मूँद लिए थे। बड़ी देर बाद जब पारदर्शी नाइटी के चार गिरही परिधान में, अंग-प्रत्यंग की छटा बिखेरती रीनी पल-भर को आई, तो लगा वह जननी पर ही नहीं, मुझे पर भी बहुत बड़ा अहसान कर रही है।

आज, हमारी ही सन्तान हमें कितना भीरु बना गई है! पहले बुजुर्ग कंठ-गर्जना के सिंहनाद से हम थर-थर काँपते थे, आज बच्चों का सिंहनाद बुजुर्गों को कँपाने लगता है। इसी से जब नवीन पीढ़ी में कभी भूले-भटके ऐसी विनम्रता दिखती है, तो सहसा विश्वास नहीं होता। कहीं उस विनम्रता में विद्रूप तो नहीं है? किन्तु विनोद की विनम्रता में संशय की गुंजाइश नहीं थी। देखने में वह स्कूली छात्र ही लगता था। रूस की पोस्टिंग ने उसे भी शब्द-संयमी बना दिया था, राय भी देता, तो बड़े सोच-विचारकर। हम कभी रूसी नियमों-कानूनों से ऊबते तो हमारी मन की क्षुब्ध खिसियानी बिल्ली, उसी के खम्भे को नोचती। 'यह भी क्या कि अन्त तक हमें यही पता नहीं, हम कब किस फ्लाइट से जा रहे हैं? हमारे पासपोर्ट भला हमसे क्यों ले लिए गए हैं?"

"आप चिन्ता न करें, सब ठीक हो जाएगा।" हम फिर अपनी औपचारिक परिक्रमा पूरी करने भारतीय दूतावास भी गए। श्री नूरुल हसन राजदूत का पदभार सौंप, दूसरे ही दिन भारत लौट रहे थे। मेरी उनसे तो यह पहली भेंट थी, किन्तु उनकी पत्नी, रामपुर की राजकन्या डॉन से मैं बचपन में कई बार मिली थी। तब डॉन के पैर में प्रायः ही कष्ट रहता था और वलीअहद एवं डॉन से खेलने हुजूरेआला (नवाब रजाअली खाँ की माँ) हमें बुला भेजतीं। खासबाग के उस राजसी कमरे में एक-से-एक दामी खिलौने मुझे बड़े औदार्य से थमानेवाली डॉन, जो मुझे पहचानती थी, वही नहीं रही, तो अब अपना

क्या परिचय दूँ?

नूरुल हसन साहब के पैर में उस दिन बहुत तकलीफ थी, "स्टूल में पैर रखकर ही बैठना पड़ रहा है। माफ कीजिएगा, उठ नहीं पा रहा हूँ।"

लखनऊ छोड़ने के बाद पहली बार जानी-पहचानी जबान सुनना बड़ा अच्छा लगा।

तब ही मैंने अपना मूर्ख प्रश्न पूछ दिया था, "यहाँ लोग इतना कम क्यों हँसते हैं? बोलते भी कम हैं।"

"कम बोलना भी इनकी संस्कृति का एक अंग है।"

कम बोलते हैं, शायद इसीलिए महा रूस संसार का सर्वाधिक शक्तिशाली देश भी बन सका है। अपनी शक्ति का वे व्यर्थ की मुस्कानों और व्यर्थ की बातों में अपव्यय नहीं करते। यह अनुभव धीरे-धीरे हमें भी होने लगा था, यद्यपि कभी-कभी वह सहमानेवाला एकान्त और वह अस्वाभाविक चुप्पी दुर्वह लगने लगती, पर ज्येष्ठ की कड़ी दुपहरिया में भी जैसे कभी गदराए आम्रकुंज की बयार मीठे झोंकों से आतप की क्लांति को दूर कर जाती है, ऐसे कई मीठे झोंके आकर हमें भी बीच-बीच में दुलरा गए।

मादाम कतोवॉस्की ने रवीन्द्र गोष्ठी का आयोजन कर हमें वक्ता-रूप में आमन्त्रित किया था। रवीन्द्रनाथ के चित्रों की प्रदर्शनी भी थी, रवीन्द्र संगीत भी। नब्बे वर्ष के एक रवीन्द्रानुरागी विद्वान् ने अपना आलेख पढ़ा। स्वयं मादाम भी बोलीं और फिर थी भव्य जलपान की व्यवस्था।

मॉस्को में हिन्दी के परमानुरागी श्री चेलीशेव ने भी हमें एक दिन अपने छोटे-से फ्लैट में चाय पर आमन्त्रित किया। हम पहुँचे तो देखा, पूरे फ्लैट की सज्जा भारतीय थी। नटराज, गणेश की मूर्तियाँ, चित्र, पुस्तकें सब भारतीय। वे स्वयं साफ हिन्दी बोलते हैं। हमारे लिए उनकी पत्नी ने मेवे डालकर चावल बनाए थे। चेलीशेव स्वयं वाचाल व्यक्ति हैं। कभी हिन्दी, कभी अंग्रेजी में वे निरन्तर बोलते चले जा रहे थे। उनकी पत्नी, उतनी ही गम्भीर थीं। एक तो वे न अंग्रेजी बोलती थीं, न हिन्दी, यद्यपि दोनों ही भाषाएँ समझ लेती थीं। इस हँसमुख दीर्घांगी गम्भीर महिला ने मुझे अत्यन्त प्रभावित किया। मैं उनके लिए भैरवगढ़ी कुशन कवर का जोड़ा ले गई थी। उन्होंने प्रसन्न होकर मेरे हाथ थाम लिए, "देख रही हैं, मेरे कमरे की कलरस्कीम से एकदम मेल खा रहे हैं।" वे स्वयं इंजीनियर हैं। गृह के सम्पूर्ण सुघड़ संचालन में कहीं कोई त्रुटि नहीं। पति को अपने काम से कम फुर्सत मिल पाती है। इसी से घर और

बाहर के दोनों मोर्चे उन्हें ही सम्हालने पड़ते हैं। मैं देख रही थी, अतिथि-अभ्यर्थना के बीच भी, एक पल को उनके हाथ खाली नहीं थे, पटापट एक गोलाकार विचित्र सलाई पर वे अपना कार्डीगन बुन रही थीं। मुझे उन्होंने अपनी बुनी कई चीजें लाकर दिखाईं। ऐसी सफाई कि लग रहा था, हाथ की नहीं, मशीन का चमत्कार है।

"आपको इतना समय कैसे मिल जाता है?" मैंने पूछा, तो मरियम ने दुभाषिया बन, उनका उत्तर मुझे सुना दिया।

"काम करने की लगन हो, तो प्रत्येक काम के लिए समय निकाला जा सकता है।"

मरियम, ऐसी दूसरी युवती थी, जिसकी छरहरी देह की गढ़न से लेकर कार्य प्रणाली में भी गजब की फुर्ती थी, जब देखो, तब तकली-सी फिरकती रहती थी।

'इसका लग्न भी सिंह ही होना चाहिए।' मैं मन-ही-मन उसकी काल्पनिक जन्मकुंडली बना रही थी। वयस होगी तीस के लगभग किन्तु किसी किशोरी के-से चापल्य से वह तितली-सी उड़ती फिरती। हमारे आतिथ्य का भार, उसी पर था। हमें घुमाना-फिराना, हमारे हवाई टिकट बुक कराना, कार का प्रबन्ध आदि सबका जिम्मा उसी पर था। वहाँ कुछ अन्य भारतीय अतिथि भी आए थे, वे एकेडमी ऑफ साइन्सेज के अतिथि थे। हमें राइटर्स यूनियन ने आमन्त्रित किया था। हमें प्रायः ही यह अनुभव होता कि हमारी मेजबान से दूसरे दल के मेजबान का पलड़ा भारी है। हमारी कार आने में प्रायः ही या तो विलम्ब होता, या दूसरे दल के अतिथि उसे लेकर उड़नछू हो जाते। उनका दुभाषिया दल संजीवनी बूटी के साथ देखते-ही-देखते पूरा पर्वत ही कन्धे पर उठा लाता और इधर हमारा भोला भगत आर्काडी, अपनी देवदूत-सी दूधिया हँसी से ही हमारा मन मोह, अपने सात खून माफ करवा लेता। इसी से, हमारे उपालम्भों की पोटली बेचारी मरियम के सामने ही खुलती, किन्तु सहिष्णु, हँसमुख मरियम ऐसे सहज कौशल से स्थिति को सम्हाल लेती कि हम दंग रह जाते। जिसे पहली बार देख मैंने अहंकारी समझा था, उसी से जब विदा ली तो कृतज्ञता के गह्वर ने दबोच लिया। वह स्वयं अत्यन्त कार्यव्यस्त होने पर भी हमें पहुँचाने एयरपोर्ट आई थी। मार्ग में एक चेकपोस्ट पर तेज गाड़ी चलाने के लिए हमारे कारचालक को रोक दिया गया। उस बेचारे ने हमें समय पर एयरपोर्ट पहुँचाने के लिए गाड़ी की गति निर्धारित गति से सामान्य-सी बढ़ाई

ही थी कि चट से रोक दिया गया। उसे फाइन ही नहीं भरना पड़ा, उसके लाइसेंस में भी सामान्य-सी कालिख पोत दी गई। मरियम ने स्वयं उतरकर उसकी पैरवी की कि भारत का शिष्टमंडल समय से पहुँच सके और उड़ान न छूट जाए, इसी से उसने ऐसा किया, किन्तु नहीं, रूस के नियम तो नियम ही हैं। वह सबके लिए एक-से होंगे, भले ही प्राण छूटें या उड़ान।

हम समय पर ही पहुँच गए। मैंने आर्काडी को चलते-चलते छेड़ दिया, "आज तुम्हारी पत्नी चैन की साँस लेगी। तुम्हें अब हमारे साथ इधर-उधर नहीं भटकना होगा। बेचारी का हनीमून ही तो छीन लिया था हमने।"

एक बार फिर वह अपनी दन्तहीन शिशु की-सी भोली हँसी हँसा, हमने द्वारपालों के कई कोष्ठ-प्रकोष्ठ पार किए और मुड़कर दोनों स्नेही रूसी बन्धुओं से विदा ली।

इक्कीस दिनों के संक्षिप्त प्रवास में भी हमने कितनी नानारंगी अभिज्ञताएँ बटोर ली थीं! इतना तो जान ही लिया कि सोवियत यूनियन ही एकमात्र ऐसा शक्तिशाली देश है, जहाँ पृष्ठपोषकता का कोई मूल्य नहीं है, सिफारिश शब्द वहाँ के शब्दकोश में ढूँढ़ने पर नहीं मिल सकता। कठिन संघर्ष, अभिज्ञता एवं हाथों की कर्मठता के सोपान पर चढ़कर ही वहाँ कोई सर्वोच्च पद को प्राप्त कर सकता है। मिखाइल गोर्बाचोव की वयस अभी वार्धक्य से बहुत दूर है, बहुत वर्षों तक यह कुशल नेता अपने देश का संचालन करने में सक्षम रहेगा। रूसी नेताओं के प्रति हमारी जो सामान्य धारणा रही है कि वे हँसना नहीं जानते, गुमसुम रहते हैं, ऊँट की भाँति कब किस करवट बैठेंगे, कोई कह नहीं सकता, कूटनीतिज्ञ ऐसे कि सदा चित्त भी मेरी, पट भी मेरी, अंटा मेरे बाप का! यह धारणा गोर्बाचोव पर शतप्रतिशत लागू नहीं होती। उनके व्यक्तित्व के प्रबल प्रतिपक्ष को अन्य पाश्चात्य देशों ने भी मान्यता दी है। इसमें कोई सन्देह नहीं कि वे एक उदारपंथी आदर्श नेता हैं, जिन्होंने अपने देश के अब तक कुछ सहमे नागरिकों को पर्याप्त व्यक्ति-स्वाधीनता दी है एवं दे रहे हैं। शराबबन्दी हो या बोलने की स्वतन्त्रता, निश्चित रूप से गोर्बाचोव की ही देन है, फिर भी वे कितने ही उदारपंथी क्यों न हों, कोई भी आदर्श सोवियत नेता अपने मूल आदर्शों को कभी नहीं भूल सकता। जहाँ उनके देश का स्वार्थ निहित होगा, वहाँ वे किसी भी प्रकार का समझौता कभी नहीं कर सकते, किन्तु इतना हम अवश्य कह सकते हैं कि भारत के प्रति उनके स्नेहाग्रह में केवल दिखलावटी शिष्टाचार ही नहीं है। भारत के साथ सुसम्पर्क बनाए रखने

में, व्यापार या सांस्कृतिक आदान-प्रदान में रूस का उत्साह केवल दिखलावटी उत्साह नहीं है। भारत का राजनैतिक, अर्थनैतिक सर्वोपरि आध्यात्मिक गुरुत्व इस देश ने स्वीकार किया है। रूस की मैत्री भारत के लिए आज अत्यन्त महत्त्वपूर्ण है। हम अपनी आत्मनिर्भरता का कितना ही दम भरें, उग्रवादी एवं विच्छिन्नतावादी विषम परिस्थितियों से भले ही हम अकेले ही जूझने में साहस से डटे रहें, एक सच्चे समर्थ मित्र की हमें सख्त जरूरत है और सदा रहेगी। अर्थनैतिक सहयोगिता, वह भी एक समर्थ मित्र की, हमारे लिए अनिवार्य है। भिलाई कारखाने को सीधे क्या रूसी विशेषज्ञों के योगदान के बिना कभी गढ़ा जा सकता था? किन्तु, यह भी देश के हित में है कि भारत-सोवियत मैत्री की नींव केवल सामरिक सहायता पर ही टिकी न रहे, यह मैत्री पारस्परिक उन्नयन को भी पुष्ट करे। रूस जैसा महाबली देश भारत को आत्मनिर्भर बनाने में सहायक हो, तब ही यह मैत्री दो सच्चे निःस्वार्थ मित्रों की मैत्री होगी।

मैं अपने साथ आए अन्य सदस्यों की प्रतिक्रिया तो नहीं जान सकी किन्तु स्वयं मेरी रूस के प्रति धारणा ही वहाँ जाकर बदल गई। मुझे लगा यह ऐसा देश है, जो बाहर से देखने में पहाड़ी काठी अखरोट-सा ही कठोर है, किन्तु गूदा है एकदम दूधिया, मीठा। इसी से शायद चलती बिरिया, अनेक स्नेही रूसी चेहरों की स्मृति विह्वल कर रही थी।

सामान से लदी-फँदी दोनों बाँहें दुखने लगी थीं। चलते-चलते मरियम उपहार भी थमा गई थी, एक छोटा-सा समरकंदी गलीचा भी खरीद लिया था। आर्काडी जब हमें गलीचों की उस भव्य दुकान में ले गया, तो उन सुन्दर कालीनों की भव्य बुनावट देख आँखें चौंधिया गईं। एक-से-एक शोख रंगों में बने बेल-बूटे, किन्तु दाम देख अपने बटुए की अल्पज्ञता स्मरण हो आई। तब क्या यहाँ से 'ईदगाह' का-सा चिमटा ही लेकर लौटना होगा? बड़ी देर तक उन गुदगुदे कालीनों को आँखों-ही-आँखों में तौला, अचानक छिद्रान्वेषी दृष्टि एक छोटे-से कालीन पर पड़ी। दाम भी थे अस्सी रूबल। कुछ अपने पास थे, कुछ निमाई बाबू से कर्ज लिया और चट खरीद लिया। अब वही गलीचा काँख में दबने पर मन-भर का लग रहा था।

दो घोषणाएँ हो चुकी थीं कि हमें अपनी उड़ान की रात एक बजे तक प्रतीक्षा करनी होगी, वही उड़ान इस हवाई अड्डे के यात्रियों को ले दिल्ली होकर, फिर मलेशिया जाएगी। प्रतीक्षारत यात्रियों में कई युवा खिलाड़ी किसी टेनिस मैच में भाग ले लन्दन से मलेशिया लौट रहे थे। उनके युवा कंठों का उत्तेजित

कलरव पूरे कक्ष को गुँजा रहा था, जैसे दिनभर का भटका खग दल चहकता दिन डूबे अपने-अपने घोंसलों में लौट रहा हो।

सहसा एक भड़कीली बैंजनी बनारसी साड़ी में एक घोर कृष्णवर्णी महिला रूमाल से आँख-नाक पोंछती अपने सशब्द क्रन्दन से सबको चौंकाती मेरे पार्श्व में आकर बैठ गई। पीछे-पीछे हाथ में दो बैग लटकाए बूटे-से कद का एक हृष्ट-पुष्ट व्यक्ति, जो सम्भवतः उस महिला का पति था, तमिल में पत्नी को बुरी तरह डपटने लगा। शायद कह रहा था, "चुप करो! देखतीं नहीं, सब घूर रहे हैं तुम्हें। बन्द करो यह रोना-धोना!" सचमुच ही सहमकर पत्नी चुप हो गई। पति का डेन्चर बेहद फूहड़ और ढीला था, जो उसकी प्रत्येक डपट के साथ किसी पुरानी मशीन के शटल-सा बार-बार बाहर निकलता और वे बड़े कौशल से उसे अपनी जीभ से भीतर खींच फिर बैठा ले रहे थे। उनकी भी दोनों आँखें जवाफूल-सी लाल थीं, किन्तु वह लाली क्रन्दन की लाली नहीं थी। मदालस जिह्वा की लटपटी डपट सुनकर ही मैं समझ गई थी, वह कैसी लाली है। वह मेरे पास बैठे, तो मुझे भय भी हुआ, फिर वे स्वयं ही उठकर टहलने लगे। उनके उठते ही पत्नी ने फिर रूमाल आँखों पर धर लिया और पूर्ववत् सिसकने लगी।

निमाई बाबू ने मुझसे कहा, "कांदछेन कैनो भद्र महिला, जिज्ञेस करुन ना।" (क्यों रो रही हैं भद्र महिला, पूछिए ना।) पर मैंने कुछ नहीं पूछा। केवल स्नेह से उनका हाथ थपथपा-भर दिया और वे स्वयं अपने रुदन का रहस्य बता गईं। पुत्रजनित व्यथा ही उन्हें ऐसे रुला रही थी। वर्षों से मलेशिया में रहती हैं। पति का वहाँ लकड़ी का बहुत बड़ा व्यवसाय है। वैभव है अगाध, किन्तु कपटी सन्तान ने उन्हीं का गला रेत दिया। किशोर पुत्र को पढ़ने उसके मामा के पास उन्हीं के आग्रह पर स्वीडन भेज दिया था। भाई निःसन्तान थे, उन्होंने कहा था, वहीं पढ़ा-लिखाकर उसे अपना व्यवसाय भी थमा देंगे, किन्तु अभागा आठ वर्ष पूर्व वहीं दूसरी ही विद्या पढ़ चौदह वर्ष की आयु में ही बिना परिणय के एक बेटे का बाप बन गया, फिर, विवाह तो कर लिया, किन्तु माँ-बाप, मामा सबसे नाता तोड़ घरजमाई बन गया है। आज, इसी अष्टवर्षीय पौत्र एवं उसके बाईस वर्ष के पिता से मिलकर दोनों लौट रहे थे। सिर से पैर तक बदल गए बेटे ने माँ-बाप को घास भी नहीं डाली। यही नहीं, साफ-साफ कह दिया कि जिन पैरों से आए हैं, उन्हीं से फौरन लौट जाएँ और फिर कभी ऐसे बिन बतलाए आने की मूर्खता न करें। जी में आए मामा के यहाँ रहें, जी

में आए होटल में। अपनी टूटी-फूटी अंग्रेजी में पूरी कहानी सुना वे 'देवा! देवा!' कहती बार-बार आँख-नाक पोंछती फिर सुबकने लगीं।

सहसा प्लेन की आगमनी की सूचना घोषित हुई। सब एकसाथ लपके। मेरे दाएँ-बाएँ, सर्र-सर्र निकलते यात्री तीर से छूटे चले जा रहे थे। बहुत पहले एक बार बेलीगारद के खँडहर में ऐसा ही अनुभव हुआ था, जब मेरी पदचाप से भयभीत ओने-कोने में लटकी बीसियों चमगादड़ें एकसाथ सर्र-सर्र मेरे दाएँ-बाएँ फड़फड़ाती निकल गई थीं। दक्षिणी जोड़ा शायद कहीं पीछे बैठा था, कोलाहल-कलरव को चीरता सिसकी का स्वर बीच-बीच में बड़ी दूर से लहराकर फिर विलीन हो रहा था।

प्लेन ने डैने समेटे, धीरे-धीरे हम ऊँचाई पर पहुँचते जा रहे थे। खिड़की से झाँककर देखा, अभ्रचुम्बी देवदार, फर, युकिलिप्टस के वृक्ष, धीरे-धीरे लघुतर होते जा रहे थे। डैने और सिमटे, कबूतरी मेघखंडों के बीच तैरता हमारा ऐरोफ्लोट किसी प्रागैतिहासिक विराट् पक्षी-सा निःसीम मुक्ताकाश में अब बिना डैने फैलाए ही उड़ा जा रहा था।

मैं सोच रही थी, न जाने कितने शिष्टमंडल प्रतिवर्ष विदेश यात्रा करते हैं, न जाने कितने सांस्कृतिक दल, वैज्ञानिक, कलाकारों के दल लन्दन, रोम, फ्रांस, जर्मनी, अमेरिका, मॉस्को कभी सांस्कृतिक सेतु को पुष्ट बनाने, कभी उन्हें कुछ थमाने और कभी स्वयं कुछ थामने, किन्तु अन्त तक क्या थामकर लौटते हैं हम? विदेशी दुर्लभ कैमरे, वी.सी.आर., आसव की ड्यूटी फ्री बोतलें, आत्मीय स्वजनों के लिए उपहार, अनचीन्हे आकाश के चँदोवे के नीचे खड़े अपने तृप्त, मुस्कराते चेहरों के रंगीन चित्र, किन्तु क्या अपने प्रवास के मुख्य प्रयोजन की सार्थकता स्वदेश लौटने पर हम गम्भीरता से तोल पाते हैं? सरकारी खर्चे पर सैर-तफरीह कर ली, क्या यही एकमात्र उद्देश्य था हमारा? मैं नहीं जानती, मैं भी वहाँ जाकर कुछ दे पाई या नहीं, किन्तु स्वदेश लौटी तो लगा एकदम ही रिक्त झोली लेकर प्रत्यागमन नहीं हुआ है। कितनी ही नवीन अभिज्ञताओं, अनुभवों, परिचयों से भरी अपने ठेठ भारतीय पोटली, हाथों-ही-हाथों में तोलती हूँ, तो लगता है, सचमुच ही पोटली, पहले से गरु हुई है, किन्तु सन्तुष्ट चित्त को स्वयं अपना ही अन्तर्मन उसी क्षण डपट देता है, फिर कानों के पास आकर फुसफुसाता है, 'अभी तो तेरी गठरी आधी ही भरी है, मूर्ख! अभी इसमें बहुत कुछ भरना है। भरना है, तो स्वयं अपनी क्षमता को तोल और चलती जा! चलती जा!! चरैवेति! चरैवेति!!'

यात्रिक

जो सुदीर्घ यात्रा बरबस ही पैरों में यायावरी बेड़ियाँ डाल लखनऊ से लन्दन घसीट ले गई थी, जिसका आरम्भ अनेक आशंकाओं, संशयों से शरबिद्ध होकर सार्थक हो पाया था, वह इतनी सुखद, इतनी शिक्षाप्रद होगी, यह मैंने कभी सोचा भी नहीं था। वैसे जीवन में अनेक दीर्घ यात्राओं का सौभाग्य मुझे प्राप्त हुआ है, किन्तु किसी भी यात्रा ने मुझे इतिपूर्व इतने विघ्नों से विचलित नहीं किया। अवांछित शुष्क प्रश्नों का उत्तर देते-देते मैं धैर्यच्युत हो चली थी।

हाई कमीशन के कर्मचारी की पैनी संकुचित नीली आँखें मेरे चेहरे पर शंकित होकर बार-बार निबद्ध हो रही थीं। उसके चातुर्य एवं विदेशी कौशल से पूछे गए प्रत्येक प्रश्न के पीछे एक शंका बार-बार प्रखर होकर उभर रही थी। इस संक्षिप्त अवधि के लिए मैं विदेश क्यों जा रही हूँ? मेरा टिकट बाहर से क्यों आया है? मेरा कुँआरा पुत्र मेरे साथ क्यों जा रहा है? मैं अमानवीय धैर्य से उन प्रश्नों का उत्तर देती जा रही थी और उतनी ही बार भारतेन्दु की प्रिय, गूढ़ पंक्तियाँ रह-रहकर मेरे कानों में बज रही थीं—

'भीतर-भीतर सब रस चूसै
हँसि-हँसि कै, तन मन धन मूसै
जाहिर बातन में अति तेज
का सखि साजन? नहिं अंग्रेज!'

किसी तरह उन दुरूह प्रश्नों के चक्रव्यूह से मुक्त हुई तो दूसरी गोली दगी। मुझे फॉरेन एक्सचेंज नहीं मिल सकता, अर्थात् खाली बटुआ लटकाकर जाइए और आँखों-ही-आँखों में लन्दन की नगरश्री भरकर लौट आइए लखनऊ। मुझे इसमें भी आपत्ति नहीं थी किन्तु मैं तो बेटे की बारात लेकर लन्दन जा रही थी। यद्यपि बाराती थे केवल हम दो, फिर भी बारात तो बारात

ही होती है! अब खाली हाथ झटकाते भला कौन समधियाने में खड़ा हो सकता है? क्या समधिन से पैसे उधार लेकर बेटे-बहू की परछन उतारूँगी? किन्तु ठीक चलने के दिन वृद्धा जननी का दो पंक्ति का पत्र अदृश्य कवच बना स्वयं सहायक हो उठा।

'हारिये ना हिम्मत, बिसारिये ना राम नाम।'

उन्होंने लिखा था—'राम का नाम लेकर चली जाओ, वही मदद करेगा,' यही हुआ। जब एक प्रकार से आशा के सभी पट मुँद चुके थे, तभी अचानक एक प्रशस्त ड्योढ़ी स्वयं खुल गई। एक आत्मीया के अपरिचित ननदोई के औदार्य ने मुझे उबार लिया। वे फ्रैंकफुर्त्त में थे और उन्होंने मुझे आश्वासन दे दिया कि मैं उनके भारत के बैंक में रुपया जमा कर दूँ, वे उक्त धनराशि मुझे वहाँ भेज देंगे।

दूसरी समस्या थी कि एक नियत, निर्दिष्ट वज़न के सामान को साथ ले जाने की। मैं साथ में कुल बीस किलो सामान ही ले जा सकती थी। यहाँ एक कामदार लहँगा ही 5 किलो का बैठ रहा था। वहाँ भी बुद्धिविलास के अनेक नए सीखे गए खटकों ने उबार लिया—

'सत जोजन तेहि आनन कीन्हा
अति लघुरूप पवन सुत लीन्हा।'

'बदन पइठि पुनि बाहर आवा', करती मैं सुरसा से छूटी तो लंकिनी से लिपट गई। जरदे का डिब्बा, चन्दन घिसने की चँदनौटी, गंगाजल सबको संदिग्ध दृष्टि से भस्म करती उस दबंग महिला ने मेरे बैग से कुश के बने निरीह ब्रह्म को हिलाकर बड़े व्यंग्यात्मक स्मित से पूछा, 'यह क्या बला है?'

'आदि सृष्टि के रचयिता', मैंने गम्भीर होकर कहा। अब वह मेरे उत्तर से बौखलाकर मुझे ही टटोलने लगी। सिर से पैर तक उसकी चौड़ी मर्दानी हथेलियाँ थप-थप कर ऐसे थाप लेने लगीं, जैसे मैं निष्प्राण मृदंग हूँ! जी में आया, पवनसुत वाली एक मुठिका धर दूँ—

'मुठिका एक महाकपि हनी
रुधिर बमत धरती ठनमनी'

इतने ही में, साथ के बैग से मिठाई का डिब्बा खोल रंगीन चौकोर वर्क-लगी बर्फियों को शतरंज के मोहरों-सा बिखेर, उसी महिला के अधीनस्थ द्वारपाल ने मुझे अपनी प्रभुत्वपूर्ण दृष्टि से सहमाने की चेष्टा की। उच्चारण से ही मैं समझ गई कि वह मेरा ही पर्वतीय देशबन्धु है।

'अशल में, एक-एक टुकड़ा हम लोगों को देखना पड़ता है,' उसने शायद बैग पर मेरा 'पंत' नाम पढ़ लिया था, इसी से कैफियत में अब मृदु खिसियाहट रेंग आई थी।

'नहीं, नहीं, जरूर देखिए!' ताजी बनी बर्फी को चूर-चूर होते देख मैं गुस्से से काँप रही थी। 'अशल में चखकर देखिए कि कहीं हशीश-चरस की बर्फी तो नहीं ले जा रही हूँ।' सारी बर्फी का सत्यानाश कर दिया था। उन्हें अब सँवारकर पूर्ववत् सज्जा में डिब्बे में लगाना असम्भव देख मैंने वैसे ही समेट लिया। किसी प्रकार से वहाँ से भी मुक्ति मिली और रात के ठीक ढाई बजे भारत की धरणी से 'पैनऐम' का पखेरू पंख पसारता नक्षत्रखचित व्योम में ऊपर उठता चला गया।

सहसा मेरी दृष्टि पार्श्व में बैठी सहयात्रिणी पर पड़ी। खिड़की से बाहर देख रही उस दुबली-पतली-साँवली लड़की के होंठ रह-रहकर काँप रहे थे। तभी मैंने देखा, वह निःशब्द रो रही है। मैंने आँखें फेर लीं। कुछ ही दूर पर दो नवेली दुलहनें शोख सुर्ख जोड़ा पहने, हाथ-भर लाल चूड़े चमकाती, बार-बार कौतूहल विस्फारित दृष्टि से सहयात्रियों को देख रही थीं। स्पष्ट लग रहा था कि उनकी यह पहली हवाई यात्रा थी, क्योंकि टॉयलेट के बन्द द्वार खुलने की प्रतीक्षा में जब मैं बाहर खड़ी थी तो उनमें से एक मेरे पास आकर खड़ी हो गई और बढ़कर द्वार खोलने की चेष्टा करने लगी। मैंने उसे बत्ती दिखाकर कहा, 'बत्ती जल रही है, इसका मतलब भीतर कोई है।'

'ओह!' उसने कहा। फिर कुछ ही क्षणों में वह अपना अतीत, वर्तमान सब मुझे थमा गई। गुड़गाँव में उसका मायका है, बर्मिंघम में ससुराल, साथ में जिठानी हैं वह जो नीले शाटन का सूट पहने हैं, शॉल ओढ़े बैठी उसकी सास हैं, दूसरी दुलहन उसी की छोटी बहन है। दोनों पहली बार 'उड़नेवाले जहाज' में बैठी हैं। दोनों के पति यमज भाई हैं, 'वलायत' में रेशमी कपड़ों की दुकान है, उसका नाम चरनजीत है, छोटी का मनजीत। मैं लौटी तो देखा, चरनजीत और मनजीत के साथ आई कनस्तरियों में से, एक को पायदान बना उसकी सास, परमानन्द से खर्राटे ले रही थी। एक दीर्घांगी एयर-होस्टेस ने उन्हें बड़ी विनम्रता से जगाकर कहा, 'इसे सीट के नीचे डाल दीजिए, आप यहाँ कुछ नहीं रख सकतीं। दूसरे यात्रियों को आने-जाने में दिक्कत हो सकती है।' उन्होंने उसके आदेश का बड़ी तत्परता से पालन किया। किन्तु दूसरे ही क्षण एयर-होस्टेस के जाते ही, उसी तत्परता से फिर कनस्तरी बाहर खींच,

अपनी मुगदर-सी टाँगें फैला उसी निर्लज्ज मुद्रा में पसर गईं।

दबंग सास का दुःसाहस चरनजीत और मनजीत को बुरी तरह गुदगुदा रहा था, दोनों मुँह में ओढ़नियाँ दबा, खी-खी कर हँसती जा रही थीं। मेरे पार्श्व में बैठी वह दुबली-सी लड़की अब तटस्थ होकर एक पत्रिका के पन्ने उलट रही थी। इस बार मेरी ओर देख वह बड़ी आत्मीयता से मुस्कराई, ''मैंने आपको कहीं देखा है।' उसने कहा, 'क्या आप कुछ महीने पहले चंडीगढ़ गई थीं?'

'हाँ।'

'मैं चंडीगढ़ में ही रहती हूँ। अब याद आया, आपको कहाँ देखा है। रामकृष्ण मिशन के उत्सव में मैं अपनी ममी के साथ गई थी।' मैंने देखा, उसके दोनों हाथों में झकाझक करती नई सोने की चूड़ियाँ थीं, गले में मंगल-सूत्र के साथ सोने का हार, हीरे की अँगूठी, झालरदार झुमके, लग रहा था विदेशी-यात्रा से पूर्व वह अपने बैंक का पूरा लॉकर ही रिक्त कर शरीर को अलंकृत कर लाई थी। मेरी काक-दृष्टि को उस तेज-तर्रार लड़की ने भाँप लिया, हँसकर कहने लगी, 'मेरी पिछले साल ही शादी हुई है, दूसरी बार ससुराल जा रही हूँ। ममी ने कहा, गहना पहन लो तो परेशानी कम होगी।'

बादलों को चीरता हमारा वायुयान ऊँची उड़ान में उड़ रही चील-सा बिना डैने फड़फड़ाए निःस्पंद तीर की तेजी से छूटा जा रहा था। लम्बी हवाई यात्रा में मानव का कपट-दुराव स्वयं ही कपूर के धुएँ-सा कैसे विलीन हो जाता है! जिन अन्तरंग बातों को हम पृथ्वी पर एक-दूसरे से घनिष्ठ परिचय होने पर भी कभी कहने का साहस नहीं जुटा पाते अन्तर की उस गोपनीय पोटली को, ऐसी दीर्घ हवाई यात्रा के सहयात्री को निःसंकोच थमाने में हमें फिर विलम्ब नहीं लगता।

वह लन्दन जा रही थी, माता-पिता की इकलौती पुत्री थी, एक छोटा भाई था जो अभी स्कूल में पढ़ रहा था। पिता को विदेश प्रवासी जामाता को स्वीकार करने में पहले घोर आपत्ति हुई थी, क्योंकि, 'मेरी ही सगी ममेरी बहन के साथ एक हादसा हो गया था जी। आपने शायद अखबारों में भी पढ़ा होगा। मामाजी स्टेट्स में ही बस गए हैं। चाहते थे, लड़की की शादी हिन्दुस्तानी लड़के से हो। यहाँ से एक डॉक्टर लड़का वहाँ बुलवाया। उसे वहाँ इम्तिहान देकर नौकरी दिलवाई। उसके नाम बैंक एकाउंट खुलवा दिया, मकान

खरीद दिया। फिर वहीं मेरी ममेरी बहन से शादी करवा दी। शादी के बाद दोनों हनीमून को गए। टिकट-विकट सब मामाजी ने दिया। बस जी, वहीं किसी होटल में मेरी बहन की हत्या कर सबकुछ लेकर भाग गया, इसी से पापा डरते थे। कहते थे, वहाँ के लड़कों का एतबार नहीं। पर ममी बहुत खुश थीं कि मेरी ससुराल विदेश में होगी। एक तो हिन्दुस्तान की शादी, उस पर रिश्तेदारों का जमघट, लेन-देन, बीसियों झंझट। हमारे ससुरजी ने, हम चारों के टिकट भेज दिए थे, रहने का भी इन्तजाम करवा दिया था, चटपट वहीं शादी कर ममी-डैडी निबट गए। मुफ्त में घूमना भी हो गया।' वह हँसी और उसकी उजली हँसी में उसकी नई-नई गृहस्थी का सुख बिजली-सा कौंध गया।

'तो तुम यहाँ खुश हो? घर की याद नहीं आती?'

एक क्षण को गृहकातरता की मलिनता उसकी उजली हँसी को म्लान कर गई।

'अब मायके की याद किसे नहीं आती जी, मायका चाहे हिन्दुस्तान में हो या विलायत में, मायका तो मायका ही है। पर मुझे खुशी है कि मेरी ससुराल विदेश में है।'

'क्यों?'

'अब देखिए ना, यहाँ से जाती हूँ, तो रिश्तेदारों के लिए ढेर-सारे ऐसे उपहार ले जा सकती हूँ, जो शायद हिन्दुस्तान के किसी बड़े शहर में ससुराल होने पर भी नहीं ले जा सकती। पिछली बार गई तो सबके लिए कुछ न कुछ ले गई, परफ्यूम्ज, साड़ियाँ, जीन्स, ब्लेंडर। पहली बार तो इतना अन्दाजा भी नहीं था। कि कौन चीज़ कहाँ से खरीदी जाए, पर अब बहुत कुछ सीख लिया है। कहाँ से कौन-सी चीज सस्ती मिल सकती है, सब जान गई हूँ। यहाँ की कई चीज़ें ऐसी हैं जो हिन्दुस्तान में अभी तक नहीं पहुँचीं, मसलन चाइनीज़ सिल्क, कोरियन साड़ियाँ। पिछली बार मासी के लिए डार्क ग्लासेज़ लेने थे, बेहद महँगे मिले। एक बात बताऊँ आपको? लन्दन बेहद महँगी जगह है। आपको भी अगर ऐसी छोटी-मोटी चीज़ें लेनी हों तो ड्यूटी फ्री शॉप से खरीदें। जो डार्क ग्लासेज़ मैंने पिछली बार लन्दन में 18 पाउंड में खरीदे, इस बार ड्यूटी फ्री शॉप से कुल 9 पाउंड में खरीदकर लाई हूँ, पर एक बात और है।'

'क्या?' मैं उस बित्ते-भर की लड़की का व्यवसाय-चातुर्य देखकर दंग थी। लन्दन में कहाँ, क्या सबसे सस्ते दामों में खरीदा जा सकता है, भारतीय किन-किन क्षेत्रों में ठगे जा सकते हैं, विदेशी चातुर्य को किन-किन स्वदेशी

खटकों से पराजित किया जा सकता है—सबकुछ जैसे लड़की के जिह्वाग्र पर था।

'अब यही कि आप नपा-तुला सामान ही यहाँ से ले जा सकती हैं; पर उसका भी एक तरीका है, मैं आपको बतलाऊँ।' वह बड़ी दुष्टता से मुस्कराई।

'हाथ में, काँख में जितना सामान दबा सकें, दबा लें। फिर साथ में एक और बैग रखिए। उसे साथ में विदा देने आए किसी रिश्तेदार या मित्र को थमा दीजिए। तोले जानेवाले बैग को हल्का-फुल्का रखिए। जहाँ तुला और मुहर लगी, मौका देख साथी को थमाए गए बैग का सामान इसमें डाल दीजिए और खाली बैग फिर उसे थमा दीजिए। यहाँ चकमा देना आसान है पर हमारे देश के कस्टम अधिकारियों से पार पाना इतना आसान नहीं है।'

ठीक ही कह रही थी लड़की! रात ढाई बजे से लेकर प्रातः 6 बजे तक पालम हवाई अड्डे पर एक सहयात्री की ऐसी ही दुर्दशा देखी तो उसकी कही लाख टके की बात याद हो आई। बेचारा दीन-हीन यात्री अपने खुले सूटकेस की फैली सामग्री की दुर्दशा देख लगभग रो ही पड़ा था। एक-एक कर उसकी लाई साड़ियाँ इधर-उधर पटकी जा रही थीं। लेस लगी दर्जनों नाइटी बाँह पसारे ज़मीन पर पसरी थीं। इस्तरी, फाउंटेनपेन, मोटर के कल-पुर्जे—एक-एक को उठाकर कसाई-से चेहरेवाले कस्टम अधिकारी ने सामान के बीच कौशल से छिपाई गई एक लम्बी टॉर्च से उसकी पसलियाँ झनझनाकर पूछा, 'क्यों जी, तुम तो कहते थे, डिक्लेयर करने लायक कोई सामान नहीं है। फिर यह सब?' किसी अपढ़ रिक्शाचालक-सा दिखनेवाला वह यात्री गोरखपुर से कुछ माह पूर्व अपने भाई के पास विदेश घूमने गया था, 'मैं गरीब आदमी हूँ, साहब! इतनी ड्यूटी कैसे दूँ? आपको इसमें से जो सामान पसन्द हो, आप रख लें साहब!' वह हाथ जोड़कर गिड़गिड़ा रहा था।

'पिछली बार मैं बहुत-से चॉकलेट लेकर गई थी,' वह लड़की कहने लगी। 'आपसे इसलिए कह रही हूँ कि लौटें तो आप भी सतर्क रहें, अब चॉकलेट जैसी चीज़ वह भी हैंडबैग में, पर कस्टम अधिकारी ने टटोल ही लिया, बोला—मेरा बच्चा चॉकलेट बहुत पसन्द करता है। अब बताइए, क्या करती, आधा बैग उनके छोटे बच्चे को भेंट चढ़ाया। बम्बई में तो और भी बुरा हाल है। वहाँ तो और भी बेशर्मी से चौथ उघाई जाती है।'

फ्रैंकफुर्त्त आ गया था। हमारे कक्ष को हवाई अड्डे से एक सुरंग लगाकर जोड़ दिया गया था, जिससे हम थोड़ी देर अपनी अकड़ी मांसपेशियों को

चल-फिरकर अचल कर लें। चरनजीत और मनजीत की दबंग जिठानी अपने दोनों बच्चों से फर्राटे में अंग्रेजी बोलती दोनों सहमी-दुबकी देवरानियों को लेकर सबसे आगे निकल गई। यात्रियों के चेहरों पर दीर्घयात्रा की क्लान्ति स्पष्ट होकर उभरने लगी थी। जमुहाइयों का जोर था, एक जबड़ा खुलता तो एक साथ बीसियों जबड़े खुलने लगते। कोई कमर सहला रहा था, कोई असलबिल्ली की भाँति हाथ-पैर खींच-खाँचकर थकान दूर कर रहा था। थोड़ी ही देर चल-फिरकर शरीर में स्फूर्ति आ गई। 'लन्दन पहुँचने में अब थोड़ी ही देर लगेगी जी,' मेरी सहयात्रिणी ने हँसकर कहा, 'दिल्ली की गर्मी के बाद, आप सोच भी नहीं सकतीं कि लन्दन में कितना सुहावना मौसम होगा।' किन्तु लन्दन का आसन्न नैकट्य मुझे एक शंका से बार-बार सहमा रहा था। मैं चेष्टा करने पर भी लैंडिंग परमिट नहीं जुटा पाई थी। मुझसे कहा गया था कि मैं निश्चिन्त रहूँ, 'आपको इसकी कोई आवश्यकता नहीं पड़ेगी। वह तो उनके लिए है, जिनके विदेश-प्रवास की अवधि सुदीर्घ हो, आपका तो क्षणस्थायी प्रवास है।' पर मैं सुन चुकी थी कि हीथ्रो एयरपोर्ट में लैंडिंग-परमिट न रहने पर, कभी-कभी भारतीय यात्रियों से बड़ा अशिष्ट व्यवहार किया जाता है।

मेरी शंका निर्मूल नहीं थी। उतरी तो मेरे पुत्र को तो परमिट दिखाते ही लन्दन-प्रवेश की अनुमति मिल गई। किन्तु मुझे एक कठोर आकृति के कर्मचारी ने रोक लिया, 'आपका लैंडिंग-परमिट कहाँ है?'

मैंने उसे बहुत समझाने की चेष्टा की, नम्र दलीलें दीं, आधा दर्जन शिष्ट सौम्य मुस्कानें व्यर्थ कीं और कहा कि मुझसे कहा गया था कि मुझे इसकी आवश्यकता नहीं पड़ेगी।—'किस मूर्ख ने कहा आपसे। मुझे खेद है कि आपको बाहर जाने की अनुमति मैं नहीं दे सकता।'

मैंने उस तमतमाए लाल चेहरे को देखा, चेहरे की ऐसी कुटिल बनावट मैं जीवन में पहली बार देख रही थी। स्कूल में पढ़ा ज्यामिति के उनचासवें थियोरम-सा ही दुरूह। लगता था, होंठ जीवन में कभी मुस्कराए ही नहीं थे। आँखें क्या थीं, जलते अंगारे। पता नहीं, अभागे की पलकें अब तक कैसे नहीं झुलसीं!

'देखिए, दोष मेरा नहीं है, भारत-स्थित आपके हाई कमीशन के दफ्तर से मुझसे बार-बार यही कहा गया था।'

'नहीं, आप गलत कह रही हैं', उसका स्वर सहसा ऊँचा होकर अशिष्ट

कर्णकटु मींड-सा खींच गया।

मुझे लगा, इस देश में विशुद्ध भारतीय विनम्रता से काम नहीं बनेगा। इसी से उसी आरोह के शुद्ध धैवत पर मैंने भी स्वर साधा, 'तो आप अपने भारत-स्थित दफ्तर के फर्स्ट सेक्रेटरी से पूछिए। यह नाम है उनका, पूछिए, क्या कहा था उन्होंने मुझसे?'

इस बार निशाना ठीक लगा। उस शुष्क कर्मचारी का कंठ-स्वर स्वयं ही अवरोह पर आ गया।

'ठीक है, आप यहीं रुकिए, मैं पूछकर आता हूँ।' मेरा पासपोर्ट, कागज़पत्र लेकर वह भीतर गया और तत्क्षण उसका प्रत्यावर्तन देख मैं समझ गई कि वह किसी से पूछने नहीं, स्वयं अपनी ही व्यर्थ की पूछताछ की खिसियाहट मिटाने भीतर गया था।

'आप जा सकती हैं।' उसने मेरे कागज़ मुझे थमा दिए।

'धन्यवाद।' मैंने भी बिना घी चुपड़ी रोटी से रूखे धन्यवाद का गस्सा उसे थमाया और बाहर निकल गई।

मैं गेट से निकली ही थी कि वहीं पर खड़े मेरे पुत्र ने कहा, 'तुम उससे बड़ी अशिष्टता से बोल रही थीं। मैं वहीं खड़ा सब सुन रहा था।'

'शठे शाठ्यं,' मैंने कहा, 'हमारे देश की एक बड़ी मीठी कहावत है कि लातों का भूत बातों से नहीं मानता। यह वह जाति है जो सामान्य-सी विनम्रता को भी हमारी दीनता-हीनता समझ बैठती है और उचककर जो कन्धे पर बैठती है तो फिर सिंदबाद के बूढ़े-सी नीचे नहीं उतरती। यह जाति जिस भाषा को समझती है, उसी का प्रयोग मैंने किया। यह अशिष्टता नहीं है।'

उतरते ही हीथ्रो के हवाई अड्डे की परिधि असीम लगने लगती है। रंग-बिरंगी भीड़, देश-विदेश के पर्यटक, बहुरंगी सूटकेस-बैग लटकाए, पेंसिल हील पर कनक छड़ी-सी देह का भार साधती सुवर्ण सुन्दरियाँ, एक कदम चलिए, तो फिर ऐस-कोलेटर की रेंग रही धरणी। सहसा एक नवीन अभिज्ञता ने झकझोरा। अब हम उस देश में पहुँच गए हैं, जहाँ पैर नहीं चलते, ज़मीन चलती है।

धूलिका धूसर लन्दन की पहली छटा देखते ही लगा, जैसे मुक्तेश्वर में खड़ी हूँ। मकानों की वैसी ही सज्जा, कुहेलिका का वही परिचित भीगा-भीगा धुँआ और वैसी ही ठंड।

जहाँ हमारा जनवासा था, वह लन्दन की चहल-पहल से अछूती अपेक्षाकृत

शान्त पल्ली थी। गृहस्वामी गुरुबक्श भी परिवेश से ही शान्त व गम्भीर थे। उनका सरल सौजन्य देख कभी भी यह नहीं लगा कि हम एक सर्वथा अपरिचित परिवार के साथ रह रहे हैं। अपने ही परिश्रम से उन्होंने अपने भव्य वास को सभी आधुनिकतम सुख-सुविधा के साधनों से मण्डित कर लिया था। लम्बी-लम्बी काँच लगी खिड़कियों से देखी गई लन्दन की वह नैश्यछवि मैं आज भी नहीं भूल सकी हूँ। आसपास एक पंक्ति में खड़े एक-से मकान, प्रत्येक के प्रांगण में अद्‌भुत उद्यान, पुष्पों का मत्त सौरभ, सेबों के सुन्दर वृक्ष, लता-गुल्मों से आच्छादित प्रवेश-द्वार और एक रहस्यमयी निःस्तब्धता। संसार के बीच, मैं उस दिन जैसे एक नया संसार देख रही थी। बार-बार चेष्टा करने पर भी मुझे पहले दिन बड़ी देर तक नींद नहीं आई। भारत का दिन वहाँ की रात भले ही बन जाए, प्रकृति क्या कभी छली जा सकती थी? उस नवीन व्यवस्था को स्वीकारने में ही मुझे दो-तीन दिन लगे थे। दिन-भर जमुहाइयाँ आतीं। रात को नींद अँगूठा दिखा जाती।

दूसरे ही दिन विवाह की तैयारियाँ करनी थीं। मुझे नाना चिन्ताएँ खाए जा रही थीं—कैसे सबकुछ होगा?

सुना था, पंडितजी बड़े योग्य, विद्वान पुरुष हैं। लन्दन के सैकड़ों विवाह निबटा चुके हैं, गुरुकुल काँगड़ी के स्नातक हैं। उम्र ही लन्दन में गुजर गई है।

मैं भी पूरी तैयारी करके ही घर से निकली थी। पूर्वांग के लिए मातामह, पितामह, प्रपितामह का पूरा वंश-वृक्ष, पाँचों पल्लव, लाल-पीला वस्त्र, अंचलग्रन्थि के लिए केसरिया वस्त्र, रोली, चन्दन, कुश का ब्रह्म, गंगाजल—सबकुछ सँजोकर समधिन के यहाँ पहुँची तो उनका उत्फुल्ल चिन्तारहित चेहरा देख एक पल को ईर्ष्या हो आई। अकस्मात् अपने दिन याद आ गए, जब कन्यादान के पूर्व हर पल ज़मीन पैरों के नीचे खिसकती नज़र आती थी, जब कन्या की आसन्न विवाह-तिथि की प्रतीक्षा में कई-कई रातों की नींद हराम हो जाती थी। कहीं हलवाई को बयाना देने की चिन्ता, कहीं बारातियों के नाज-नखरों के टोकरे उठाने की क्लांति, कहीं घरातियों की असन्तुष्ट फुसफुसाहट, पत्तल-कुल्हड़ों के घोर संकट से उबरी तो चौके से खतरे की घंटी बजी कि लो, निगोड़ा मन भर दूध फट गया। जनवासा आबाद हुआ कि ज़लज़ला आ गया।

बारात में एक-न-एक ऐसा जराजीर्ण, पके आम-सा टपकने को तत्पर

वयोवृद्ध बाराती अवश्य होगा, जिससे सकुशल प्रत्यावर्त्तन के लिए बीसियों मनौतियाँ माननी पड़ेंगी कि भई, किसी तरह निर्विघ्न कार्य सम्पन्न हो और सकुशल बेटी विदा हो। उधर निर्जल कन्यादान की कठिन साधना दिमाग का पारा खट से ऊपर चढ़ा देती थी। बेटी विदा होती तो गला बैठ जाता, कमर टूटकर दोहरी हो जाती। उस पर अतिथि बनकर आई महिला-बिरादरी की बीसियों जलीकटी सुनिए।

और एक मेरी यह लन्दन की समधिन थीं कि चेहरे पर नूर बरस रहा था। कन्यादान के पहले ही चाह गई, चिन्ता गई, मनुवा बेपरवाह! हर काम जैसे कम्प्यूटर से हुआ चला जा रहा था। सब परिचित भारतीय मित्र परिवारों ने मिल-जुलकर नैश्यभोज का कार्यभार सँभाल लिया था। कहीं रसगुल्ले बन रहे थे, कहीं फलों की चाट। रात को दो बजे खटर-पटर सुन मैं नीचे उतरी तो देखा, मेरे मेजबान गुरुबक्श बड़े-से हंडे में पुलाव बना रहे हैं। दूसरी आँच पर मखमली पनीर के स्वस्थ टुकड़े उतने ही स्वस्थ मटर के दानों के साथ भभक रहे थे। दानेदार बासमती की मदमस्त खुशबू से गृह के ओर-छोर महक रहे थे। सुदूर लन्दन में वह परिचित भारतीय सुगन्ध, मुझे अपनी संस्कृति की सुगन्ध-सी ही प्रिय लगी।

'वाह, दावत कल है। खाना आज ही बना लिया!' मैंने हँसकर कहा, 'हिन्दुस्तान के बारातियों को ऐसा बासी खाना खिलाते, तो बारात लेके लौट जाते।'

'अजी, यहाँ तो खाना बासी होने का प्रश्न ही नहीं उठता। सबकुछ बिजली के गर्म तवों पर गर्म धरा रहेगा,' गुरुबक्श ने हँसकर खुशबू की पिचकारियाँ छोड़ते पुलाव के देग का ढक्कन खोल दिया, 'देखिए, किस अन्दाज़ से मैंने हर चावल के दाने को भूना है!'

उधर मेज़ पर फलों का अंबार लगा था। कई जोड़ा दक्ष हाथ अंगूर छील रहे थे, केले काटे जा रहे थे, अनार के दाने निकाले जा रहे थे, केला भी ऐसा कि भीम का मुदगर।

'वैसे, यहाँ ऐसे एक-से-एक आला भारतीय होटल हैं जो आपके ऑर्डर का मनपसन्द खाना चुटकियों में तैयार करके भेज देंगे। पर हमने सोचा, क्यों न मिल-जुलकर हम ही लोग यह काम निबटा लें। खाना भी बढ़िया मिलेगा और यह भय भी नहीं रहेगा कि कोई चीज़ अच्छी न बने।'

पर मैं सोच रही थी, साहस तो कम नहीं है इनका। कहते हैं, दो सौ के

लगभग अतिथि आएँगे। इतने लोगों का खाना, वह भी विवाह-भोज, क्या ये लोग बना पाएँगे? किन्तु मेरी चिन्ता निर्मूल सिद्ध हुई। विवाह में कोई भी उलझन नहीं हुई।

दूरदर्शी पंडितजी पूरी विवाह-पद्धति का अंग्रेज़ी में अनुवाद कर लाए थे। इसी से विदेशी अतिथियों को बड़ा आनन्द आ रहा था। शंख-घोष, विवाह-मन्त्रों का उच्चारण, सप्तपदी के फेरे, यह सबकुछ उनके लिए एक अभिनव अनुभव था। नैश्यभोज में उन चेहरों पर महापरितृप्ति का सुखद रेखा-जाल देखकर ही हमारा पेट भरा जा रहा था। सोंठ, कचौड़ी, पुलाव, आलू-पूड़ी, मिष्टान्न सबकुछ का स्वाद चखते वे प्रत्येक व्यंजन की विशद् व्याख्या पूछते जा रहे थे। एक प्रौढ़ विदेशिनी प्लेट लेकर मेरी ओर खिसक आई। 'कितने भाग्यवान हैं आप सब! वह देश कैसा होगा जहाँ का खाना इतना अद्भुत है, जहाँ की परिवेशना में ऐसी आत्मीयता है! मैंने आपके विवाह-मन्त्रों का पूरा अनुवाद पढ़ डाला है। एक कॉपी साथ ले जा रही हूँ। अपनी पुत्री को पढ़ाऊँगी। वह चौथी बार तलाक लेने जा रही है। अब समझ में आया कि आपके यहाँ तलाक क्यों नहीं होते। जिस इमारत की नींव ही इतनी मज़बूती से जमाई गई हो, उसके अकस्मात् भरभराकर गिरने का भय ही कहाँ रह जाता है?'

मैं उस बेचारी से कैसे कहती कि अब हमारी इमारतों की नींव में भी ठेकेदारों की बेईमानी रेंग आई है। अब वे भी सीमेंट में बालू मिलाने लगे हैं और हमारी इमारतों में भी दरारें पड़ने लगी हैं। यहाँ आने से कुछ ही दिन पूर्व जो एक अनामा क्षुब्ध किशोरी ने मुझे पत्र लिखा था, वह अब भी मेरे पास धरा है।

'क्या मैं आपसे यह अपेक्षा करूँ कि आप हमारे समाज के दोहरे मानदण्डों का पर्दाफाश करेंगी? विवाह एक पवित्र सामाजिक संस्कार है, लेकिन इसकी अवमानना करने में आज हमारा समाज बनियों एवं कायस्थों से होड़ ले रहा है। प्रायः ही देख रही हूँ, मध्यवर्गीय घरों के होनहार छौने आई.ए.एस. में आते ही काफी ऊँची नाकवाले बन जाते हैं। रोमांस लड़ाते हैं किसी लड़की से, किन्तु चाँदी का जूता खाकर घुटने टेक देते हैं किसी समर्थ पिता की पुत्री के सामने। फलाँ को ही लीजिए, महोदय मसूरी अकादमी में 'धरम-हेमा' नुमा रोमांस चलाते रहे किसी और से, विवाह किया दूसरी से। क्या आप अपनी तेजस्वी भाषा में 'धर्मयुग' में कुमाउँनी समाज की इस घिनौनी मनोवृत्ति का

उल्लेख करते हुए इन युवाओं और इनके महत्त्वाकांक्षी माता-पिताओं को फटकारेंगी? जीवन का नाम वफादारी ही है, थाली में बैंगन की तरह लुढ़कना नहीं। हमारे युवा केवल साक्षर हैं, शिक्षित नहीं, पढ़े-लिखे वर्ग में पुत्रवती माताएँ कुबेर-कन्याएँ ही ढूँढ़ती हैं, चरित्रवान कुलीन कन्याएँ नहीं। आखिर उनकी नियति क्या होगी?'

उसी पत्र की स्मृति ने, मुझे उस विदेशी महिला की प्रशंसा सुनकर भी पुलकित नहीं होने दिया।

विवाह से निबट हम जब पंडितजी को छोड़ने गए तो दूर से ही अपना निवासस्थान दिखाकर पंडितजी बोले, 'यहीं रहता हूँ, इसी बिल्डिंग का एक फ्लैट मैंने खरीद लिया है। आप मुझे यहीं उतार दें।'

अपने नीले सूट की तहें हाथ से ठीक करते पंडितजी उतरे। हाथ की चमकती हुई ओमेगा घड़ी में, जो शायद उनके किसी समृद्ध यजमान ने उनकी कलाई में बाँध दी थी, उन्होंने समय देखा, 'ठीक समय पर ही हम निबट गए। ईश्वर की कृपा से सबकुछ निर्विघ्न सम्पन्न हो गया।' गौर सुचिक्कन चेहरे पर परम सन्तोष की तृप्तिपूर्ण हँसी चिबुक पर छलक आई।

कार चली तो वे देर तक हाथ हिलाकर हमें विदा देते रहे। झकाझक चमकती उस उत्तुंग विदेशी इमारत के नीचे खड़े पंडितजी की क्रमशः क्षीण हो रही छवि को चीरता स्वदेश के एक जराजीर्ण मकान के अहाते में खड़े, एक ऐसे ही विस्मृत पुरोहितजी की स्मृति अकस्मात् मुझे झकझोर गई।

अपने जीर्ण मकान के अहाते में अखरोट के पेड़ के नीचे खड़े उन अपने स्वदेशी पंडितजी और इन इंग्लैंडवासी पंडितजी में कितना अन्तर था! घुटने तक की निरन्तर घर पर ही धुली पांडुवर्णी धोती, नग्न पिचकी पसलियों पर झूल रही यज्ञोपवीत की डोरी, दीर्घांगी गौरवर्णी सतर देह, जो चढ़ाई चढ़ते-चढ़ते सहसा झुककर ठिठक जाती थी, चेहरे पर शिशु-सी अम्लान हँसी। हमारे गृह के प्रत्येक जन्म-मरण को जिनके पौरोहित्य ने सदा पेशेवर दक्षता से साधा था, सात समुद्र पार की दूरी चीर उस दिन 'लछिका' के सरल चेहरे की स्मृति मुझे बार-बार विह्वल कर रही थी। मुझे कभी स्मरण नहीं पड़ता कि उन्होंने किसी भी अनुष्ठान में कभी किसी पूजा-पद्धति की पुस्तक की बैसाखी लगाई हो।

विवाह के अवसर पर उनके सुरीले कंठ का शाखोच्चार सुनने सदा भीड़ लग जाती थी। जब वे विपक्षी पुरोहित के शाखोच्चार की अपने जवाबी

शाखोच्चार से धज्जियाँ उड़ाते तो घरातियों को विशेष आनन्द आता। बाराती अपने पक्ष के पुरोहित को लाख उकसाएँ, लछिका सदा अपराजित ही रहते। जैसा ही कंठस्वर, वैसा ही आत्मविश्वास और वैसा ही सरल तेजोमय व्यक्तित्व। गबरूनी बन्द गले का कोट, ठेठ पहाड़ी टोपी और घुटनों तक की धोती—

'ॐ सुमुखश्चैकदंतश्च कपिलो गजकर्णकः
लम्बोदरश्च विकटो विघ्ननाशो विनायकः
द्वादशैतानि नामानि यः पठेच्छृणुयादपि
विद्यारंभे विवाहे च...'

एक जीर्ण, लाल वस्त्र के बटुआनुमा बस्ते में अपनी पुस्तकें काँख में दाबे, लम्बी-लम्बी डगें भरते चले आते तो लोग दूर ही से पहचान लेते—पुरोहितजी आ गए, और पुरोहितजी आ गए तो समझ लीजिए कि शुभ कार्य स्वयं ही निर्विघ्न सम्पन्न हो गया। बस्ता सदा बँधा ही धरा रहता, पुण्यवाचन हो या द्वारपूजा, पुस्तक खुलती ही कहाँ?

अपने बचपन में हमें उनके पार्थिव पूजन में सबसे अधिक आनन्द आता था जब मिट्टी-चावल के बने सहस्र नन्हें शिवलिंग बड़ी-सी परात में धरकर घंटों पूजे जाते। हमें उस क्षण की बड़ी आतुरता से प्रतीक्षा रहती, जब समापन किस्त में लछिका शिवजी से स्वगृह जाने का विनम्र अनुरोध करते, मुँह से एक विचित्र ध्वनि निकालकर! 'गच्छ-गच्छ सुरश्रेष्ठ स्वस्थानं परमेश्वर।'

कभी-कभी लगता है, जिन ऐसी छोटी-छोटी सरस अभिज्ञताओं ने हमारे जीवन को समृद्ध किया है, जिनकी स्मृति आज भी सुखद लगती है, ऐसी कुछ संचित करने योग्य अभिज्ञताएँ हमारी आनेवाली पीढ़ियों के पास भी होंगी? हम मानें या न मानें, इसमें कोई सन्देह नहीं कि हमारी परम्परागत धार्मिक भावनाएँ धीरे-धीरे लुप्त होती जा रही हैं। जिन अनुष्ठानों के निर्वाह में हमें कभी गर्व होता था, अब उन्हीं के निर्वाह में हमारी सन्तान को संकोच होने लगा है। ऐसी खिसियाहट जैसे कोई दकियानूसी कर्तव्य को जबरन बड़ी अनिच्छा से निभा रहे हों। किन्तु देखा जाए तो मन-ही-मन उन्हें भी समय-समय पर ऐसी अध्यात्म औषधि घुटकने पर आत्मतुष्टि ही होती है, भले ही वह इस सत्य को नकारते रहें। विवाह जैसा पावन अनुष्ठान, किसी रजिस्टर में ही युगल दम्पत्ति के हस्ताक्षर से हो तो सद्योविवाहित जोड़े को वह सन्तोष कभी नहीं हो सकता, जो सप्तपदी पूर्ण होने पर होता है।

विज्ञान ने भले ही आज धर्म को कुछ अंश में निरस्त कर दिया हो, मानव आज भी अपनी धरणी के संस्कारों से बँधा है और सदा बाँधा रहेगा। पाश्चात्य जीवन की कृत्रिमता, आडम्बर, विलासिता, परिग्रह का बचकाना दुराग्रह, वैभव का प्राचुर्य जो स्वयं विदेशियों के लिए एक दुर्वह बोझ बनता जा रहा है, उस बोझ को ललककर हम स्वयं अपने कन्धों पर लेना चाहें, तो यह हमारी मूर्खता ही कही जाएगी।

सबसे बड़ी विडम्बना यह है कि पाश्चात्य जीवन की जिस चकाचौंध से हमारी आँखें वहाँ जाकर चौंधिया जाती हैं, गहराई में जाकर देखें तो उसका व्यर्थ मायाजाल स्वयं ऊपर तिरने लगेगा। उनकी विलासिता, उनका वैभव प्राचुर्य, भोग-लोलुपता, शाश्वत मूल्यों की उपेक्षा, स्वयं उन्हें बुरी तरह उबाने लगी है। उनके समृद्ध तथाकथित सुखी जीवन का सबसे बड़ा अभिशाप है, उनके सामाजिक जीवन में असुरक्षा का भय। माता-पिता हैं तो उन्हें बालिग हो रही पुत्री की चिन्ता है या उद्दंड पुत्र की। पति-पत्नी हैं तो उन्हें सम्भावित तलाक का भय है। वृद्ध माता-पिता हैं तो उन्हें सन्तान द्वारा पिंजरापोल में निष्कासित किए जाने की चिन्ता खाए जाती है।

मुझे तो निरन्तर यही लगता रहा कि भौतिकता पर आधारित उनकी आधुनिक सभ्यता नितान्त स्वार्थमूलक एवं प्रतिस्पर्धापरक मात्र है। वहाँ वह प्रेम, वह वात्सल्य या आत्मबलिदान करने को सदैव तत्पर मानवता का वह रूप मुझे कहीं नहीं दिखा जो मानव को ऊँचा बनाता है। कैसे अधिक-से-अधिक अर्थ-संचय किया जाए या कैसे भौतिक साधनों से जीवन को अधिक-से-अधिक सुखी बनाया जाए, यह प्रवृत्ति ही मुझे वहाँ अधिक दिखी। मुझे वहाँ अनेक प्रवासी भारतीय परिवारों से मिलने-जुलने का सुअवसर प्राप्त हुआ और एक विशेषता मैंने अधिकांश प्रवासी परिवारों में पाई। समस्त सुख-साधनमंडित उनके ऐश्वर्यपूर्ण जीवन में कोई कमी मुझे नहीं दिखी। किसी-किसी की तो पीढ़ी-दर-पीढ़ी वहीं रस-बस गई थीं। किसी को बीस वर्ष बीत गए थे। कोई आठ-दस वर्ष से वहाँ थे। अधिकांश प्रवासी परिवारों के पैर वहाँ अपनी चल-अचल सम्पत्ति के बूते अंगद के पाँव-से ही स्थिर जमे थे, फिर भी उनमें किसी एकान्त भयावह पथ पर एकाकी चल रहे आशंकित पथिक की-सी दुश्चिन्ता अवश्य थी। बीच-बीच में गृहकातरता उनके प्रवास को म्लान भी अवश्य करती है। जननी-सी प्रिय जन्मभूमि को देखने की अदम्य लालसा किन्तु उतनी ही अदम्य विवशता।

'फिर जाकर कभी-कभी मन फट जाता है शिवानीजी।' एक अल्पभाषी सौम्य भारतीय प्रवासी ने मुझसे कहा, 'अब देखिए, पिछले बीस सालों से यहाँ हूँ। हर चौथे साल परिवार लेकर घर जाता हूँ पर अब कभी-कभी लगता है, हमें देखने से भी अधिक उत्साह हमारे हिन्दुस्तानी रिश्तेदारों को हमारे लाए उपहारों को देखने का रहता है। हम जाने लगते हैं तो महीनों पहले भारत से फरमाइशी लिस्ट आ जाती है। फलाँ के लिए हाथ की घड़ी, फलाँ के लिए मिक्सी, दवाइयाँ, सूटकेस, स्लीपिंग-बैग यहाँ तक कि अब तो लौंग, इलायची, कालीमिर्च की भी फरमाइश आने लगी है। हद है साहब, कभी ये मसाले भारत से यहाँ आते थे। अब क्या भारत इतना ही दरिद्र हो गया है?' जी में आया, कहूँ, भारत दरिद्र नहीं हुआ, दरिद्र हो गए हैं स्वयं हम। हमारे शब्दकोश में अब केवल 'लेना' शब्द ही रह गया है, देना नहीं।

'फिर एक बात और भी है। आप तो देख ही रहे हैं, हमारे बच्चे यहां के बच्चों की सोहबत में भारत के बच्चों की अपेक्षा अधिक उद्दंड हो जाते हैं, अधिक जिद्दी। भारत जाते हैं तो उनका यही औद्धत्य हमारे बुजुर्गों को नागवार गुजरता है। उन्होंने बचपन में हमारे कान खींचे हैं। यहाँ हमारी सन्तान, जब उनके सामने हमारे कान खींचती है तो उनका भड़कना भी स्वाभाविक है। यहाँ की शिक्षा की एक विशेषता है, बच्चों को सबसे पहले स्पष्टवादिता का सबक सिखाया जाता है। उनका यहाँ सीखा गया यही सबक भारत जाने पर हमारा सबसे बड़ा सिरदर्द बन जाता है। उनकी इस स्पष्टवादिता को वहाँ उनकी अशिष्टता समझा जाता है और फिर हम उन्हें एकान्त में समझाते हैं—बेटा, यह भारत है, यहाँ बुरी लगने पर भी बुरी चीज़ को पट से बुरा नहीं कहा जाता।—अब देखिए, यहीं पर हम बच्चे को झूठ बोलने का पहला सबक सिखाते हैं। वह बेचारा कौन-सा सबक रटे, हमारा सिखाया या विदेश का सीखा? इसी से सोचते हैं, हमारा सोना खरा हो या खोटा, यहीं की कसौटी में कसा जाए तो ठीक रहेगा, हमारी यह रेज़गारी अब वहाँ नहीं भुनेगी।'

वहाँ की सबसे प्रमुख समस्या है सन्तान की यही अबाध्य अनुशासनहीनता। वहाँ ऐसे बहुत कम भारतीय परिवार मिलेंगे जहाँ इस वैषम्य ने विष न घोला हो। पुत्री सयानी हुई तो उसके युवामित्रों का आह्वान बड़ी स्वाभाविकता से उसे अनुशासन की लक्ष्मण-रेखा से बाहर खींच ले जाता है। अधिकांश भारतीय माता-पिता चाहते हैं, पुत्री का विवाह परम्परागत निष्ठा का निर्वाह कर सम्पन्न किया जाए किन्तु वे जानते हैं कि इस हेममृग का

जन्म असम्भव है। पुत्र बिदके घोड़े-सा कभी भी दुलत्ती झाड़कर अलग हो सकता है। उसके लिए क्या उस विलासी जीवन के एक-आध आकर्षण हैं? नशे की गोलियाँ हैं, समवयसिनी छात्राएँ हैं, जो अकृपण हस्त से प्रेमदान देने को सदैव तत्पर हैं, खाने को सुस्वादु चॉकलेट हैं, आइसक्रीम हैं, जुगाली करने को च्युइंगम हैं, पीने को बियर है, सिगरेट हैं और फूँकने को पिता का परिश्रम से अर्जित कुबेर का-सा अशेष कोष है। कैशोर्य की अनुशासनहीनता का वह अवांछनीय रूप हमारे देश की अनुशासनहीनता से कहीं अधिक भयावह है। 'स्किनहैड्स' के विषय में बहुत सुन चुकी थी, कभी देखा नहीं था। एक दिन मैंने अपने मेजबान के पुत्र से कहा, 'मेरी बड़ी इच्छा है कि इन्हें कभी देख लूँ।'

'भगवान से मनाइए, आप इन्हें कभी न देखें,' उसने हँसकर कहा।

हम सब ट्रैफलगर स्क्वायर में कबूतरों का जमघट देख रहे थे। नेल्सन का यह भव्य स्मारक लन्दन के दर्शनीय स्थलों में प्रमुख है। चारों ओर सुन्दर उद्यान, बीच में फव्वारा, एक ओर नेल्सन की मूर्ति, उत्तर की ओर उन समुद्री योद्धाओं की मूर्तियाँ हैं, जिन्होंने 1914 के महायुद्ध में विशेष ख्याति अर्जित की थी। इन मूर्तियों से भी अधिक आकर्षण यहाँ कबूतरों का है। वहीं पर कागज़ी प्यालों में कबूतरों का दाना बिकता है। सैकड़ों पर्यटक प्याला थामे, उन निर्भीक कपोतों के सामने घुटने टेककर बैठ जाते हैं और देखते-ही-देखते कन्धों पर, हाथों पर चढ़े, गुटुरगूँ करते कबूतर अपनी अद्भुत राजनयिक मैत्री की डोर में पर्यटकों को बाँध लेते हैं। चकाचक फ्लैश चमकते हैं, तस्वीरें खींची जाती हैं।

उधर हाईलैंडर की दर्शनीय टार्टन पोशाक में नाचते, बैंड बजाते दल, दर्शकों का मन मोह लेते हैं। मैं भी कपोतों से घिरी उन्हें दाना खिला रही थी कि अचानक शोर मचा—'स्किन हैड्स' आ रहे हैं। कोई प्रख्यात फुटबॉल का विजेता-दल अपना विजय-पर्व मनाने शिव के-से उन्हीं कुख्यात किशोरगणों को लेकर आ गया। एकाएक भगदड़-सी मच गई। 'जल्दी खिसको,' किसी ने कहा, 'सब पिए धुत हैं।'

एक पल को देखी गई वह क्षणिक छटा मुझे भी आतंकित कर गई। मुँडे गोरे मुंड, बीच-बीच में घुटे सिर पर गुलाबी रंग की बुँदकियाँ, लाल तमतमाए मर्कटमुखी चेहरों पर दुर्दान्त अवज्ञा का भाव, मदालस चाल और ठप-ठप कर

लोहे की कील बजाती फौजी पदचाप। सुना था, भारतीयों को एकान्त में पाकर वे लाल कपड़ा देखकर भड़के साँड-से ही भड़क उठते हैं। डरते हैं केवल वेस्ट-इंडीज़वालों से।

कुछ ही दिनों में इसका जीवन्त प्रमाण भी मिल गया। भारत से आए दो परिचित वरिष्ठ अधिकारी स्वयं हमें अपनी दुखद आपबीती सुना गए। किसी होटल में रुके थे जो उन्हें बड़ा महँगा पड़ रहा था। वे छह महीने के किसी रिफ्रेशर कोर्स के लिए आए थे। इसी से कहीं एक कमरा ढूँढ़ हमारे मेजबान से कुछ कम्बल, बर्तन-भाँडे लेने आए थे जिससे अपना अस्थायी तम्बूखेमा गाड़ सकें। बेचारे सामान लेकर गए और कोई आध घंटे ही में बदहवास भागते वापस आ गए।

'जा ही रहे थे कि तीन-चार घुटे सिरवाले छोकरों ने रोक लिया। एक ने बड़ी नम्रता से आकर पूछा—सर, टाइम बता देंगे जरा?—हम कलाई की घड़ी देखने झुके ही थे कि धाड़ से एक डंडा सिर पर पड़ा, दूसरा पीठ पर। एक ने हमारे हाथ की घड़ी खोल ली। फिर देखा, हिन्दुस्तान की बनी है तो वहीं पटक गए। सामान को छुआ भी नहीं। बस, थोड़ी देर बर्तनों से फुटबॉल-सा खेल गए। कोई भी चौदह-पन्द्रह साल से बड़ा नहीं था। मसें भी नहीं भीगी थीं, पर हिम्मत देखिए जरा।'

मैं यह सब सुनकर मन-ही-मन क्षुब्ध ही हुई थी। कैसे कहती कि उन छोकरों की हिम्मत यह जानकर ही बढ़ी थी कि भारत के दो हट्टे-कट्टे जवान भी उन बित्ते-भर के छोकरों का कुछ बिगाड़ नहीं पाएँगे। मजाल है कि किसी वेस्टइंडीज़वाले को छू तो लें। धुन-पीटकर वहीं भुर्ता बना देते।

'हमारे देश में ऐसी अराजकता नहीं है साहब,' वे कहने लगे, 'वहाँ के लड़कों में ऐसा औद्धत्य नहीं है कि राह-चलते वयस्कों को अकारण ही नगाड़े-सा पीट-पाट डाल दें।''

किन्तु देखा जाए तो विदेश में अपनी इस दयनीय दुर्बल स्थिति के लिए स्वयं हम भारतीय ही जिम्मेदार हैं। हमारी विनम्रता वहाँ हमारी दीनता एवं हीनता का द्योतक बन गई है। विदेश के प्रति हमारा मोह, किसी भी मूल्य पर वहाँ स्थायी रूप से बसने की दुर्दान्त कामना, अर्थ-संचय की ओछी प्रवृत्ति, सत्ता की होड़ में अपनी योग्यता को गिरवी रख सामान्य-से ही प्रलोभन पर अपनी प्रतिभा को भुनाने की कुचेष्टा, हम भारतीयों को विदेशियों की नजर में क्रमशः नीचे गिराती जा रही है। सुना है, वहाँ ऐसे विदेशी कामचलाऊ पति

भी उपलब्ध हैं जो किसी भारतीय सुकन्या को पत्नी का व्यर्थ ओहदा प्रदान कर स्थायी वास की पर्याप्त सुविधा सुलभ करा सकते हैं। इसी से वह दिन भी दूर नहीं लगता, जब लन्दन में भी भारतीयों की वही दयनीय स्थिति हो जाएगी जैसे उगांडा या मोंबासा में हो गई थी।

दूरदर्शी तीक्ष्ण बुद्धि का अंग्रेज़ यह जान गया है कि एक औसत भारतीय भी उससे अधिक परिश्रमी, अधिक व्यवसायपटु एवं अधिक कर्मठ है। लन्दन में अधिकांश लोकप्रिय दुकानों के स्वामी आज भारतीय ही हैं। मिष्टान्न भण्डार, साड़ियों की दुकानें, बूटीक, सब्ज़ियों की दुकानें, आभूषणों के जौहरी, सब भारतीय हैं। अधिकांश दुकानों में पूरा परिवार दुकान चलाता है। कैलकुलेटर पर बिल बना रही है पत्नी, पुत्र साड़ियाँ निकालकर दिखा रहा है, पुत्री पैकेट बना रही है। भारत में सम्मिलित परिवारों की दीवारों की लखौरी ईंटें ढह रही हैं। विदेश में प्रवासी भारतीय परिवार व्यवसाय की दृष्टि से सम्मिलित परिवार की महत्ता समझने लगे हैं। विशेषकर लन्दन के प्रवासी गुजराती व्यवसायियों में यह विशेषता मैंने प्रमुख पाई है।

एक विराट् मिष्टान्न भण्डार की हँसमुख स्वामिनी एक दिन पूर्व मेरा टी.वी. प्रोग्राम देखकर मेरी प्रशंसिका बन गई थी। उसने मुझे अपनी दुकान के रससिक्त स्वादिष्ट गुलाबजामुन ही नहीं खिलाए, अनेक छोटी-मोटी मीठी अभिज्ञताएँ भी थमा दीं। लन्दन आने से पूर्व वे उगांडा में थे।

'वर्षों की जमी-जमाई प्रतिष्ठित दुकान ईदी अमीन की आँधी में देखते-ही-देखते सेमल के फाहे-सी उड़ गई। और हम यहाँ चले आए। पूरा परिवार अब दो कमरों में गुजर कर रहा है।' मैंने द्वार से ही देखा, दुकान से ही संलग्न एक बड़े कमरे में लकड़ी का व्यवधान डाल बड़ी कुशलता से छोटे-से चौके की सृष्टि कर दी गई थी। दो स्टोव, करीने से सजे बर्तन, सबकुछ में सुघड़ गुजराती गृहिणी की हस्तकौशल की छाप थी। मैं सोचती हूँ, चौके की सफाई एवं सुघड़ व्यवस्था में हम उत्तरप्रदेशियों को गुजरात एवं दक्षिण से अभी बहुत कुछ सीखना है। मैंने आज तक इन दो प्रदेशों में दरिद्र-से-दरिद्र गृह के चौके में भी कभी अव्यवस्था नहीं देखी। बर्तनों की चकाचक चमक; गगरियाँ, जैसे दुकान पर सजी एक-के-ऊपर—एक धरी नई गगरियाँ हों। फर्श भले ही कच्ची मिट्टी का क्यों न हो, हमेशा जीभ से चाटा गया ही दीखता है। परिवेशना में भी उनका यही सुघड़ लटका अतिथि का आधा पेट वैसे ही भर देता है।

'हमारा 7 जनों का परिवार है, सुबह के खाने तक मैं और मेरी ननद

दुकान देखती हैं। फिर वह काम पर चली जाती है, मैं खाना पकाती हूँ, मेरे पति और मँझले देवर काम सँभालते हैं। देवरानी और छोटे देवर शाम तक दुकान देखते हैं। रात को मेरे ससुर यहाँ रहते हैं, वही वक्त सबसे अधिक बिक्री का होता है।'

'क्या यहाँ भी आपकी दुकान उतनी ही चलती है?' मैंने पूछा।

'अजी पूछिए मत, यहाँ तो यह हाल है कि भरे-भरे थाल चुटकियों में खाली हो जाते हैं। अब ये जलेबियाँ देख रही हैं।' मैंने एक विराट् थाल में सजी जलेबियाँ देखीं। भारत की तुलना में उनकी कलेवरी कलात्मकता एकदम फिसड्डी थी। दुबली-पतली रसहीन, सिमटी-सिकुड़ी एकदम 'ऐनेमिक' जलेबियाँ। मुझे अचानक लखनऊ की कब्रवाली प्रसिद्ध दुकान की थाल में गोलाकार सजी जलेबियाँ याद आईं।

'अजी, अभी देखिएगा, एक घंटे में पूरा थाल तुल जाएगा। यहाँ के लोगों को दो चीज़ें बेहद पसन्द हैं—जलेबी और भजिया।'

शायद, वह ठीक ही कह रही थी। वैंबले में ही एक भजिया की सजीली दुकान पर मैं प्रायः ही भीड़ की एक लम्बी क्यू लगी देखती थी। पास ही में एक 'पब' भी था। शायद इसी से उस चिखौने का महत्त्व और बढ़ गया था। हमारी भारतीय मधुशालाओं में भी तो एक संलग्न पकौड़ी की दुकान अवश्य रहती है।

'हमारी दुकान की मिठाइयाँ, स्टेट्स जानेवाले तक साथ पैक कराकर ले जाते हैं। विशेष गुलाबजामुन और खोये की बर्फी।' वास्तव में, उनके गुलाब जामुन पैक करने की मौलिक सूझ ही शायद उन कत्थई बमगोलों का स्वाद और बढ़ा देती थी। एक अत्यन्त मनोहारी डिब्बे में पारदर्शी प्लास्टिक का गिलाफ चढ़ा एक ही आकार के साँचे में ढले गुलाबजामुन देखकर ही जिह्वा तृप्त हो जाती थी और जैसी स्वादिष्ट खोए की बर्फी मैंने लन्दन में खाई, वैसी रामआसरे की प्रसिद्ध दुकान में भी शायद उपलब्ध न हो। एक तो वहाँ की स्वस्थ गायों की प्रगाढ़ दुग्ध धार, उस पर खोया घोंटने का एक खास अन्दाज, कोरा भी फॉक लीजिए तो यही लगेगा, चीनी डला कलाकन्द खा रहे हैं।

लन्दन की एक दूसरी लोकप्रिय दुकान है चूड़ियों की। यहाँ केवल चूड़ियाँ ही नहीं बिकतीं, रंगीन चोटियाँ, बिछुए, सिन्दूर, भोपाल के जरीदार मखमली बटुए, टिकुली, मेहँदी एवं मेहँदी के साँचे—सबकुछ उपलब्ध है। कारचोबी के लहँगे, जयपुरी ओढ़नियाँ, नाथद्वारे के आकर्षक नकली आभूषणों में चन्द्रहार

से लेकर नथुनी तक। चन्द्रहार भी ठेठ वैसा ही फीरोज़ी चन्द्रहार, जिसे देख कभी गबन की जालपा ललचाई थी।

भारतीय दुकानों के अतिरिक्त लन्दन के प्रसिद्ध डिपार्टमेंट स्टोरों में प्रमुख हैं 'मार्क्स ऐंड स्पेंसर', 'ब्रिटिश स्टोर' आदि, जहाँ आप चलती ज़मीन का आनन्द लेती घंटों विभिन्न विभागों में घूमिए, मनचाही वस्तुएँ खरीदिए, फिर एक हाथगाड़ी में सबक्रीत सामग्री लेकर स्वयं बिल बनवाने लाइन में खड़ी हो जाइए। यहाँ चूँकि स्वयं आपका ईमान ही आपका प्रहरी बना रहता है। कई बार भारतीय ईमान फिसलकर बुरी तरह मुँह की खा चुका है।

'अजी, पिछली बार आपकी फलाँ चलचित्र नायिका, अमुक खिलाड़ी जेब में सामान चुराते पकड़े गए।' आप सोचें कि कोई नहीं देख रहा है, कोई तोहफा उठाकर चट जेब में धरा, उधर परमपिता की-सी सर्वग्राही दृष्टि का संघानी घेरा चट आपको पकड़ खतरे की घंटी बजा देता है। यह सब सुन मैं लज्जा से धरातल में धँस गई थी। क्या हम अपना यही परिचय देने विदेश जाते हैं?

इन स्टोरों में 'मार्क्स ऐंड स्पेंसर' की उत्कृष्ट सामग्री सर्वश्रेष्ठ एवं विश्वसनीय मानी जाती है। वैसे तो यहाँ हमेशा इसी भारतीय कहावत को गाँठ बाँधकर जाना पड़ता है, 'महँगा रौवे एक बार, सस्ता रौवे बार-बार।' एक-से-एक दर्शनीय बटुए, कमीजें, बच्चों के कपड़े, सौन्दर्य प्रसाधन, जूते से लेकर सूटकेस, बैग, नाइटी, घड़ियाँ, चॉकलेट–आपका बटुआ सलामत रहे, नंदनवन का कोई भी पुष्प चुन लीजिए। किन्तु एक अच्छा सूटकेस और बैग लेने में ही जब बटुआ सिकुड़ गया तो और कुछ लेने का साहस नहीं हुआ। फिर भी संसार की कोई भी नारी, चाहे वह कैसे ही वीतरागिनी क्यों न हो, एक घंटा भी उस स्टोर में घूम-फिर ले, तो आँखों-ही-आँखों में महीनों के सुन्दर दिवास्वप्नों की सामग्री भरकर साथ ला सकती है।

कोई भी आकर्षक बटुआ वहाँ आठ-दस पाउंड से कम में नहीं मिलेगा। पर मजबूती ऐसी कि बाप खरीदे बेटा बरते। सबसे महँगे हैं जूते। एक आकर्षक चप्पल की जोड़ी ने मेरा भी मन मोह लिया। चट उठाकर दाम देखे। वाह! क्या अद्‌भुत सरल-सज्जा है और कैसी मजबूत बनावट! हमारे देश में भला ऐसी मजबूत चप्पल कहाँ मिल सकती है? कहाँ की बनी है, देखने के लिए मैंने उठाकर गौर से देखा तो चकित रह गई–'मेड इन इंडिया।' अब

उल्टे बाँस बरेली को क्या ले जाऊँ, सोच मैंने फिर उन्हें वहीं रख दिया। किन्तु उन्हें धरने के बाद अपना ओछा दौर्बल्य मुझे स्वयं धिक्कार उठा। जिन्हें शायद 'मेड इन जापान' या 'मेड इन इंग्लैंड' देख मैं भारी दाम चुकाकर भी खरीद लेती, उनके कलेवर पर भारत का नाम देखकर ही तो मुझे वे सहसा साधारण लगने लगी थीं। हम यही मानकर चलते हैं कि विदेश में बनी प्रत्येक वस्तु हमारे देश की बनी वस्तुओं की तुलना में अधिक श्रेष्ठ होगी, अधिक टिकाऊ। अब आप घड़ी को ही लीजिए, मैं भारत से आई तो न जाने कितने आत्मीय परिचितों ने मुझसे घड़ी की फरमाइश की थी जब कि भारत की घड़ियाँ विदेशी घड़ियों से कहीं अधिक टिकाऊ होती हैं। विदेशी घड़ी हो या टेलीविज़न या फ्रिज़ या विदेशी पत्नी, एक बार अचल हुई तो बस गई काम से। फिर भी यह मानवमात्र की दुर्बलता है कि घर का जोगी जोगना, आनगाँव का सिद्ध। मुझे इसी सन्दर्भ में बचपन की एक रोचक घटना स्मरण हो जाती है।

मेरे पिता तब माणावदर के दीवान थे। हम पहाड़ जाने लगे तो नवाब साहब ने कहा, 'पाण्डे साहब, पहाड़ से लौटें तो एक झौआ हिमाला के आम लेते आइएगा।' मेरे पिता ने भी रियासती नमक खाया था, ना कहना तो सीखा ही नहीं था। कहने लगे, 'बागेश्वर में तो आम मिलता ही है, लेते आएँगे।' कहाँ माणावदर का मीठा रसीला 'बेगम पसन्द' और कहाँ बेचारा बागेश्वर का मोटा–थुलथुल अनाकर्षक आम। फिर भी, कहने को तो हो जाएगा कि 'हिमाला' का आम है। जब लौटे तो दुर्भाग्य से बागेश्वर का आम का झौआ लाना भूल गए। पहुँचते ही याद आई, अब क्या होगा! नवाब साहब मिलते ही पूछेंगे, 'आम लाए?' हमारी कोठी से ही लगा आम का बाग था। चटपट रात-भर जगकर आम तोड़े गए। एक पहाड़ी टोकरी में पोंछ-पाँछ, लपेट-लुपूट सजा दिए गए और ऊपर से डाल दिया गया पहाड़ी पिरुल जो हमारे सेबों की पेटी के साथ आया था। दूसरे दिन 'हिमाला' के आम नवाब साहब को पेश किए गए और दरबारियों के साथ नवाब साहब ने चटखारे ले-लेकर खाए, 'वल्लाह, क्या मीठा आम है! हो भी क्यों नहीं, आखिर बर्फ की चोटी पर 'हिमाला' का आम है।'

आज हम भी 'हिमाला' के आमों के स्वाद की मरीचिका में भटक स्वयं अपने वतन के आमों का स्वाद भूल गए हैं। लन्दन के डिपार्टमेंट स्टोरों में एक प्रख्यात स्टोर वह है, जहाँ स्वयं मलिका एलिज़ाबेथ शॉपिंग करने जाती हैं। विराट्–भव्य इमारत पर फहराता यूनियन जैक दूर से ही देखा जा सकता

है। दीर्घ काँच लगे शो-केसों में सजे मनमोहक परिधान, पुष्प-सज्जा के बीच दमकते बैग, कार्डिगन, कोट नाइटी, वैसे ही दाम। सुना है, जब यहाँ वार्षिक सेल होती है तो लोग रात ही को कम्बल लेकर बाहर सो जाते हैं। वैसे लन्दन के मुख्य शॉपिंग सेन्टर हैं, बौंड स्ट्रीट, जहाँ हीरे-जवाहरात, जेड, फर, गाउन से लेकर पेंटिंग तक का सौदा आप कर सकते हैं। या फिर नाइट्सब्रिज हाइट पार्क से कुछ ही दूरी पर स्थित बाजार, जहाँ लन्दन के कई प्रसिद्ध स्टोर हैं। ऐंटिक की दुर्लभ वस्तुओं की दुकानें, कालीन, बोन चाइना के स्टोर देख आँखें चौंधियाँ जाती हैं। ऑक्सफोर्ड स्ट्रीट भी एक लोकप्रिय शॉपिंग सेन्टर है। विशेषकर महिलाओं के लिए इसका विशेष आकर्षण है। पिकेडली, जहाँ का नाम ही आज तक पढ़ा था, देखा तो उसकी सार्थकता का अनुभव हुआ। किन्तु यहाँ की खरीद-फरोख्त केवल समृद्ध वर्ग के लिए ही सम्भव है। रीजेंट स्ट्रीट के स्टोर भी इतने ही भव्य एवं मोहक हैं, विशेषकर बर्लिंग्टन आर्केड की हीरे-जवाहरात की दुकानें।

लन्दन-भ्रमण के लिए दो बातें आवश्यक हैं, एक तो अपनी गाड़ी; दूसरा, हर अली-गली-कूचे से परिचित अनुभवी चालक। सौभाग्य से, मुझे दोनों ही अनायास प्राप्त हो गए थे। सुबह नाश्ता लेकर हम बैग में यथेष्ट खाद्य सामग्री एवं दो थर्मस कॉफी लेकर निकल जाते। साथ में रहती 'विज़िटर्स गाइड टू लन्दन' वाली अलादीन के चिराग-सी सहायक पुस्तिका।

ग्रेट रसल स्ट्रीट स्थित ब्रिटिश म्यूजियम से ही हमने लन्दन-दर्शन का शुभारम्भ किया था। संसार के उस विलक्षण संग्रहालय को देखने ही में आधा दिन निकल गया। संसार की सुन्दरतम दुर्लभ सामग्री का ऐसा अपूर्व संग्रह देख बार-बार यही लगता था कि इतने वर्ष क्या हमने व्यर्थ गँवा दिए? संसार में ऐसे भी स्थान हैं, जहाँ दिन-रात घूमकर ही हम ऐसी अभिज्ञता बटोर सकते हैं, जो शायद रात-रात-भर पुस्तकें उलटने पर भी नहीं बटोर सकते।

इसी संग्रहालय में एक विराट् वाचनालय भी है, जहाँ पढ़ने के लिए एक बृहत् कक्ष है। ब्रिटिश म्यूजियम देखने के बाद फिर लन्दन की नगरश्री देखने की न शक्ति ही शेष रही, न समय।

दूसरे दिन तड़के ही हम 'टॉवर ऑफ लन्दन' देखने निकल गए। लन्दन की यह प्रख्यात इमारत विशेष ऐतिहासिक महत्त्व रखती है। नॉर्मन विजय के कुछ ही दिनों पश्चात् विलियम प्रथम ने इस दुर्ग का निर्माण करवाया था। उसके बाद सैकड़ों वर्षों तक ब्रिटेन के नवीन शासक इसे सजाते-सँवारते रहे,

साथ-ही-साथ इसकी ऐतिहासिक गरिमा भी उत्तरोत्तर अधिक गरीयसी होती गई। चार्ल्स द्वितीय के समय तक यह राजप्रासाद ही रहा फिर यह राजबन्दीगृह में परिणत हो गया। गत दो महायुद्धों में इसका यही बदनाम अस्तित्व रहा। यहाँ अब भी 'ह्वाइट टॉवर' के कमरों में तत्कालीन अस्त्र-शस्त्रों का अद्भुत संकलन संगृहीत है। यहाँ स्थित सेंट जॉन के गिरजाघर में नॉर्मन स्थापत्य के अनूठे हस्ताक्षर देखे जा सकते हैं। यहीं वह बदनाम 'ब्लडी टॉवर' का खूनी टीला भी स्थित है, जहाँ वेदनार्त्त ऐन बोलीन, कैथरीन हावर्ड एवं लेडी जेन ग्रे ने मृत्यु की आसन्नता के मुहूर्त को झेल संसार से विदा ली थी। यहीं भरी जवानी में एडवर्ड पंचम और उसके भाई की हत्या हुई थी। दो सौ वर्ष बाद, इसी ह्वाइट टॉवर की सीढ़ियों के नीचे दबी उन अभागों की हड्डियों को चुनकर, वेस्ट मिन्स्टर ऐबे में दफनाया गया था। हमारा पथप्रदर्शक, जब उस भयावह ऐतिहासिक घटनाओं को सुना रहा था, तो मन न जाने कैसा हो गया!

'चलिए जी, अब इस ब्लडी टॉवर से बाहर निकलें,' मेरे मेज़बान ने कहा।

अब मुँह का स्वाद बदलने क्राउन ज्यूऐल्स देखे जाएँ। एक अनन्त क्यू में पौन घंटा खड़े रह हमने न जाने कितनी चकरघिन्नियाँ खाईं तब कहीं टिकट मिला। अब लगभग पचास सीढ़ियाँ उतर हम अपने उस इतिहास-प्रसिद्ध कोहेनूर को देखने जिस कमरे में पहुँचे, वह बमप्रूफ था। कड़ा पहरा, हर कदम पर डसती रक्षकों की अंगारे-सी आँखें—'चलते रहिए और कृपया दूसरों को देखने दीजिए।' एक रक्षक बड़ी अभद्रता से गरजा तो मेरे पीछे खड़े एक खसखरे सरदारजी बोले, 'हुँण चुप कर यार, हीरा तो साड्डाई है।' ठीक ही तो कह रहे थे। एक वही हीरा नहीं, न जाने और भी कितने जगमगाते ताजों में हमारे देश की समृद्धि चमक रही थी। प्रिंसेस रॉयल का ताज, क्वीन मदर का मुकुट, ड्यूक ऑफ एडिनबरा का और फिर शाही दावतों के सोने-चाँदी के पात्र। एक डिकेंटर पर बने दो देवदूत हैंडल बने मुस्कुरा रहे थे। डिकेंटर भी ऐसा भीमोदर कि मन भर शराब भर दें, तब भी न छलके। फिर देखिए राजसी पोशाक, महारानी की मोती-हीरे जड़ी कॉरोनेशन रोब, जिसकी सुनहली जागदानी बुनावट में भी मुझे भारत की ही कलानिपुण बनारसी अँगुलियों का चमत्कार दिखा।

आँखों-ही-आँखों में कोहेनूर की चमक भर हम जब बाहर निकले तो एक-एक पैर सवा मन का लग रहा था। साथ में लाए दोनों कॉफी के पात्र

रिक्त हो चुके थे। हवा ऐसी थी जैसे बर्फ की छुरी। बाहर एक छोटी-सी दुकान में पहाड़ी सेब-से लाल गालोंवाली एक सुन्दर युवती गर्म कॉफी और मफिंस मशीनी तेज़ी से तृषार्त ग्राहकों को पकड़ा रही थी। हम भी उसी क्यू में खड़े हो गए। यह लन्दन की खासियत है। कुछ लेना हो, देना हो, बस में चढ़ना हो, उतरना हो, तो अनुशासनबद्ध क्यू में खड़ा होना अनिवार्य है। आप राजा हों या रंक, धैर्यपूर्वक अपनी बारी की प्रतीक्षा कीजिए। यह नहीं कि हमारे देश के क्यू की भाँति आप शरीर की शक्ति या पद के बल आगे खड़े किसी दुर्बल व्यक्ति को पीछे ढकेल स्वयं उसका स्थान ले लें। जब हमारी बारी आई और कागज़ की तस्तरी में स्वादिष्ट मफिन और कागज़ी प्याले में कॉफी मिली तो लगा, कायाकल्प हो गया। ऐसा स्वादिष्ट मफिन कि जीभ में धरते ही बतासे-सा गल गया।

कॉफी पीकर क्लान्त देह में नवीन स्फूर्ति का संचार हुआ और साथ ही प्रस्ताव रखा गया, क्यों न लगे हाथों लन्दन का प्रख्यात टॉवर ब्रिज भी देख लिया जाए। 1886 में बना यह पुल लन्दन नगरी के पूर्वी भाग को टेम्स नदी के दक्षिणी छोर से जोड़ता है। पुल पर जब सहस्रों मोटरगाड़ियाँ और पर्यटक चलते हैं तो उस ड्रॉ ब्रिज को अनुपम कौशल से नित्य ऊपर उठा लिया जाता है, जिससे जंगी जहाज सिर उठाए निःसंशय उसके नीचे आवागमन करते रहें। इस क्रिया में कठिनता से तीन मिनट लगते हैं और पुल के बन्द होने-खोलने की सूचना घंटा बजाकर बड़ी तत्परता से दी जाती है। आप पल भर भी वहाँ खड़े रहिए तो लगता है, हवा का तीव्र झंझावती झोंका अभी आपको उड़ाकर दूर पटक देगा।

साड़ी जब जहाज के मस्तूल-सी बनकर फूलने लगी और कानों में साँय-साँय करती हवा, धरा में पैर ही उठाने को मचलने लगी तो हम हारकर लौट आए। किन्तु लौटने से पूर्व नदी को जी भरकर निहारा। पहली बार देखे जाने पर भी वह नदी अपरिचित नहीं लगी। छात्र-जीवन में पढ़ी 'फ्राम लैंगलैंड टू किपलिंग' की अनेक कविताओं की पंक्तियाँ याद आ गईं। हार्डी के उपन्यासों की नायिकाएँ, जो प्रेमी के छल से पीड़ित होकर इसी विराट् नगरी में उद्भ्रांत होकर भटकती फिर प्रेम के त्रिकोण में सिमट विलीन हो जाती थीं, विषण्ण चेहरा लिए स्मृतिपटल पर खड़ी हो गईं।

ऐसे ही हाइड पार्क का भी विभिन्न उपन्यास-कहानियों में ऐसा सजीव वर्णन पढ़ा था कि देखा तो लगा, पहली बार नहीं देख रही हूँ। लन्दन का यह

बृहत्तम पार्क पर्यटकों का मुख्य आकर्षण है। इसका क्षेत्रफल लगभग 361 एकड़ है। एक ओर प्रायः डेढ़ मील लम्बा मुरब्बा केवल घुड़सवारी के लिए आरक्षित है। दूसरी ओर पसरे बेंचों पर बैठे असंख्य पर्यटक, रंगीन जोड़े, घोड़ों की टाप, पूरे पार्क को गुलज़ार किए रहते हैं। कहीं अक्लांत तारुण की छटा, कहीं क्लांत वार्धक्य का विषाद! बच्चों के कलकल निनाद से गूँजती उस सुरम्य उपत्यका की सांध्यकालीन छटा वास्तव में दर्शनीय लगती है।

एक झील भी है 'सरपेंटाइन'। यहाँ किराए पर नौका-विहार की सुविधा भी उपलब्ध है। उत्तरपूर्वी कोने पर स्थित है लन्दन का प्रख्यात 'स्पीकर्स कॉर्नर'। हम जब घूम रहे थे, वहीं से किसी के भाषण की शेर की-सी गर्जना रह-रहकर गूँज रही थी। एक संगमरमरी मेहराब के साथ में एक आलमगीर रेस्तराँ भी है। बीचोंबीच विराट् मूर्ति के चारों ओर ब्रिटेन के पूरे अधीनस्थ साम्राज्य की प्रतीक प्रस्तर मूर्तियाँ हैं। उन्हीं के बीच है राजस्थानी लहँगा-ओढ़नी पहने एक भारतीय युवती की मूर्ति।

चारों ओर प्रख्यात कलाकार, साहित्यिक, संगीतज्ञ, विद्वान एवं दार्शनिकों की मूर्तियों के नीचे उनका संक्षिप्त परिचय लिखा है। लतावेष्टित रंगीन पुष्पों के वृक्ष, ठंडी हवा के झोंके और देश-विदेशों से जुटे पर्यटकों का मेला छोड़कर जाने को जी ही नहीं कर रहा था। असंख्य खटकते कैमरों की फटाफट, पर्यटकों का उन्मुक्त हास्य, प्रशस्त पथ पर तीर-सी भागी जा रही रंग-बिरंगी कारों की अशेष पंक्ति देख मन भर ही नहीं रहा था। जी में आ रहा था, वहीं रात-भर बैठे देखते रहें। उठकर चलने को उद्यत हुई थी कि सहसा मेरी दृष्टि सामने बैठी एक अनिन्द्य रूपवती युवती पर पड़ी। साँचे में ढली देह, सुनहले, कन्धे तक झूल रहे केशगुच्छ, माथे पर बँधा लाल स्कार्फ। उसका सहचर दूर खड़ा कैमरा साधे, पीछे पग धरता चलता-चलता सहसा फचाक-से एक बेंच से टकराकर गिर पड़ा। वह अपदस्थ साथी की दुर्दशा देख खिलखिलाकर हँस पड़ी। प्रवाल-से अधरों से उन मोती-से दाँतों की चमक देख मैं मुग्ध हो एक पल उसे एकटक निहारती रही। सामान्य-सी वेशभूषा। बिना बाँहों का पीतवर्णी ब्लाउज। राख के रंग की स्कर्ट-पेंसिल हील में सधी सतर देह। न कुछ सज्जा, न आभूषण। पर क्या रूप था? ऐसे सौन्दर्य को भला सज्जा क्या सँवार सकती थी?

तकल्लुफ से बरीं है हुस्नेज़ाती
कबाये गुल को गुलबूटा कहाँ है?

लन्दन का अभी एक-चौथाई अंश भी नहीं देख पाई थी और समय घोड़ा-पछाड़ धामन साँप की तेजी से भागा जा रहा था। इसी से सोचा, समय रहते ही सब दर्शनीय स्थल देख लिए जाएँ। किन्तु इसी बीच में टी.वी. एवं बी.बी.सी. के तीन कार्यक्रमों में अनुबन्धित होकर विवश हो गई। जब मुक्ति मिली तो केम्ब्रिज जाने का सुअवसर प्राप्त हो गया।

मेरे प्रवास-काल की सबसे सुखद स्मृतियाँ केम्ब्रिज की ही हैं। यात्रा तो सुखद थी ही, वहाँ पहुँचते ही परिवेश की अम्लान सुचिता ने निरन्तर भाग-दौड़ की समस्त क्लान्ति कुछ ही क्षणों में धो-पोंछकर बहा दी। जिस अध्ययनरत दम्पती के आग्रह पर मैं वहाँ गई थी, उनका छोटा-सा एपार्टमेंट मुझे बया का सुरम्य सुनिर्मित घोंसला-सा लगा। चारों ओर पुस्तकें-ही-पुस्तकें, छोटा-सा किचन, सीढ़ियों के घेरे से संलग्न सुघड़ शयनकक्ष, खिड़की से दिखती प्रायः जनशून्य सड़कें, जहाँ साइकिलों पर जाते युवा छात्र-छात्राएँ कभी-कभार दिख जाते। कार तो यदा-कदा ही दिखती। सन्नाटा ऐसा कि सुई भी टपके तो चौताल का ठेका बनकर गूँज उठे—धा धा तिट धा।

केम्ब्रिज के पूरे वातावरण में एक गम्भीर रहस्यमय सन्नाटा है। गहन शान्ति। मुझे लगा, ऐसी ही भव्य निस्तब्धता कभी हमारे नालन्दा विश्वविद्यालय में भी रही होगी। लन्दन की अपेक्षा केम्ब्रिज में ठंड कुछ अधिक ही है। भीगी-भीगी हवा के झोंके बीच-बीच में जैसे भीगे तौलिए से शरीर पोंछ जाते हैं। वहाँ की स्वच्छता और लॉन की सधी हरीतिमा को सुरक्षित रखने के लिए, स्थान-स्थान पर पर्यटकों से अनुरोध करते निर्देश टँगे हैं—'कृपया इस दूब पर खड़े होकर तसवीर मत खिंचवाइए।' पथरीली सड़क पर घूमते-घूमते हम वहाँ के प्राचीन गिरजाघर के पास खड़े हो गए। वह आनन्दप्रद दृश्य मुझे कभी नहीं भूलेगा।

गिरजे की अपूर्व बनावट, पथरीला प्रांगण, चारों ओर हरे-भरे वृक्ष, दूर-दूर तक लहराती मखमली घास। पास ही में पानी के क्षीण स्रोत ने, नीचे जाकर छोटी-सी नहर का रूप ले लिया था। दो-तीन युवक एवं युवतियाँ उसी नहर में तिरती एक तिरछी नौका को एक ही डाँड के कौशलपूर्ण संचालन से साध रहे थे। धीरे-धीरे समतल उद्यान पथ से होते घर पर लौटे। गर्म कॉफी पी। मेरे मेजबान बार-बार मुझसे आग्रह कर रहे थे कि मैं उनके साथ केम्ब्रिज के डिनर में उनकी अतिथि बनकर चलूँ। मैं झिझक रही थी। किन्तु मेरे स्नेही मेजबान सुदर्शन, रत्ना दोनों ही मुझे अन्त तक वहाँ खींच ही ले गए। 'आपको

चलना ही होगा—यह भी स्वयं अपने में एक अनुभव सिद्ध होगा। एकदम फार्मल यह डिनर कैसा होता है, आप देख तो लें...गाउन, ग्रेसवाला डिनर! आपको निश्चय ही आनन्द आएगा।'

हम पहुँचे और नियत स्थान पर खड़े हो गए। ग्रेस समाप्त होते ही सब बैठ गए। मेज पर प्लेटें लगी थीं। परिवेशन को तत्पर छात्र-छात्राएँ हाथ बाँधे खड़े थे। हॉल में वही राजसी गरिमा थी, जिससे कभी भारत के रियासती दरबार हॉल मंडित रहते थे। न छींक, न खाँसी, न साँस। लग रहा था सब दम साधे खड़े हैं। दीवारों पर लगे उद्भट विद्वानों के आदमकद तैलचित्र, झाड़फानूसों का झिलमिलाता प्रकाश, हवा में हिलती काँच की मीनारों की ठुनठुन, सबकुछ मुझे जैसे वर्षों पूर्व के ओरछा नरेश के दशहरा दरबार में खींच रहा था। मैं अतीत के उसी स्मृतिमंथन में डूबी थी कि सहसा पास ही बैठे सुदर्शन ने कहा—'यहाँ विभिन्न मेजों की स्थिति भी पूर्वनिर्धारित रहती है, वह प्रोफेसर्स की मेज पर ग्रेजुएट्स, अंडर ग्रेजुएट्स।'

'कभी-कभी तो बड़ा अच्छा खाना मिलता है, कभी साधारण।' मेरी अल्पभाषिणी मेजबान ने वाइन गिलास मेरी ओर खिसकाकर कहा, 'इसे लीजिए, इसमें तो कुछ भी ऐसा-वैसा नहीं है।'

जिसमें कुछ भी नहीं था, वह भी शुद्ध सात्त्विकी गंगाजल नहीं है, यह मैं गंध से ही समझ गई थी। धीरे-से मैंने गिलास खिसका दिया। फिर आई चिकन, मैं समझ गई कि आज मेरी एकादशी ही होगी। किन्तु तब ही एक निरीह आलू, दो बन और एक मक्खन की टिकिया लेकर एक छात्रा आ गई। वह समझ गई थी कि मैं निरामिषभोजी हूँ। अंत में आई ऐपल पाय।

'यह यहाँ की खास चीज है, चखकर देखिए।' बड़ी ललक से मैंने पहला चम्मच मुँह में रखा। सच कहती हूँ, सेब की ऐसी दुर्गति मैंने जीवन में कभी नहीं देखी!

वैसे भी भोजनप्रिय भारतीय जिद्दी जिह्वा विदेशी स्वाद को ग्रहण करने में कुछ समय लेती है। हमारे देश के रसपारखियों की जीभ से पहले उनके अनुभवी नथुने ही परिवेशित व्यंजनों का स्वाद लेकर उन्हें मान्यता देते हैं। सामने परसी थाल के छत्तीस व्यंजनों की मनोहारी सुगन्ध जब तक नथुनों से होकर खानेवाले की जीभ को लार से रसप्लावित न कर दे, तब तक भला वह व्यंजनों की प्रशंसा कैसे कर सकता है! हाँ, जहाँ तक केक, पेस्ट्री, बिस्किट,

चॉकलेट, सूफले आदि का प्रश्न है, विदेशी हमें भले ही मात दे दें। धैर्य से भूँजने और अनुपम स्वाद, सुगंध की सृष्टि करने में हमारी कला बेजोड़ है। इस दृष्टि से कलछुल का राजदंड सदा हम भारतीयों के पास ही रहेगा। हमारी घ्राण-शक्ति भी अतुलनीय है। सड़क पर खड़े रहने पर भी हम बता सकते हैं कि किसी पास के गृह से आ रही सुगन्ध विशुद्ध घृत में सेंके जा रहे पराँठे की है या तेल में डबडबा रहे उड़द के बड़े की।

मेरी यह धारणा सोहो के एक प्रख्यात इतालवी रेस्तराँ में जाकर और पुष्ट हुई। मेरे एक परिचित दम्पती ने हमें नैश्यभोज के लिए आमन्त्रित किया था। जब कार में हमें लेने वे आए तो बोले—'हम दोनों ऑफिस से अभी छूटे। सोचा, आपको आज सोहो ले जाएँ। लन्दन जाकर आपने सोहो में खाना नहीं खाया तो आपका लन्दन-भ्रमण अधूरा ही कहलाएगा।' ऑक्सफर्ड स्ट्रीट और रीजेंट स्ट्रीट के बीच स्थित सोहो निःसन्देह लन्दन किरीट का एक जगमगाता रत्न है। कदम-कदम पर चित्र-विचित्र रेस्तराँ, कहीं तेज रौशनी, उतना ही तेज संगीत, कहीं मन्द टिमटिमाते जापानी कंदीलों का धूमिल प्रकाश और उतना ही मदिर मंद स्वर में छेड़ा जा रहा संगीत। जैसे-जैसे रात्रि प्रगाढ़ होती है, सोहो भी यौवन-मदमत्ता वार-वनिता-सा इठलाने लगता है।

'अब बताइए, हिन्दुस्तानी खाना पसन्द करेंगी या इतालवी?' मेरे मेजबान की पत्नी कुवैत एयरलाइंस में काम करती थी। उसके पति मेरे पुत्र के सहकर्मी थे। दोनों की ऊँची नौकरी उन्हें दिन-भर के साहचर्य से वंचित कर देती थी। इसी से 'हम लोग प्रायः ही खाना खाने, यहाँ के एक इतालवी रेस्तराँ में चले आते हैं। यहाँ का प्रसिद्ध रेस्तराँ है। खाना भी आला दर्जे का देता है। वैसे, यहाँ एक हिन्दुस्तानी रेस्तराँ भी है—'खान'। मसालेवाला चटपटा खाना खाना हो तो वहाँ चलें।'

'हिन्दुस्तानी खाना तो रोज ही खाते हैं, वहीं चलो, जहाँ तुम रोज जाया करते हो।' मैंने कहा और हम जिस मंदी नीलाभ रोशनी में आकंठ डूबे कमरे में पहुँचे, वह एक छोटा-मोटा शीशमहल लग रहा था। जिधर देखो, उधर काँच और उन स्वच्छ काँचों से सोहो की उस मुखरा सड़क की रंगबिरंगी भीड़ स्पष्ट दिख रही थी। एक-दूसरे से लिपटे कपोल से कपोल सटाए युवा जोड़े—खुली सड़क पर ही प्रेम के ऐसे निर्लज्ज-उन्मुक्त प्रदर्शन के बाद इन बेचारों के लिए घर में बचता ही क्या होगा? शायद द्वंद्व, कलह और विषाद। एक-दूसरे के प्रति इनके प्रेम की नींव क्या इतनी ही कच्ची होती है कि राह-चलते राहगीरों

को भी उसका ऐसा नग्न प्रमाण थमाते चले जाते हैं।

थोड़ी ही देर में ग्रीक देवता-सा एक सुन्दर युवक हमारी मेज पर मीनू धर ऑर्डर लेने कागज-कलम लेकर खड़ा हो गया। उन अपरिचित इतालवी व्यंजनों की अनजानी भीड़ में एक-दो ही नामों से मेरी जिह्वा पूर्व परिचय थी। वे ही चीजें मैंने मँगवाईं। किन्तु अपना दुर्भाग्य न्यौतने ही मँगवा बैठी 'मशरूम चिली सॉस।' मैं तो सोचती थी, हम भारतीय ही तीखी मिर्च से अपनी आँतों को भस्म करने की कला में पारंगत हैं, पर यह तो अच्छा-खासा आंध्र का रसम निकला। एक क्षण को लगा, किसी ने आग का पलीता गले से लेकर पेट तक घुमा दिया है। मेरे मेजबान को मेरी कंठनली भस्म करने का तगड़ा बिल चुकाना पड़ा है, यह मैंने देख लिया था। उस पर राजसी टिप, जिसमें शायद भारत के किसी निम्न आयवर्गी पूरे परिवार का महीने-भर का गेहूँ तुल जाता।

लन्दन का एक भव्य दर्शनीय स्थल है वेस्ट मिन्स्टर ऐबे। एक पुराने गिरजाघर की भूमि पर आबाद यह ऐबे 'एडवर्ड द कनफेसर' ने बनवाई थी। उसी की कब्र यहाँ की पहली कब्र है। फिर उसी परम्परा का निर्वाह कर, उसके अनेक उत्तराधिकारी यहाँ दफनाए जाते रहे।

इसके पूर्वी कोने में 'बैटल ऑफ ब्रिटेन मेमोरियल चैपल' है। ऐतिहासिक दृष्टि से सबसे महत्त्वपूर्ण है 'कॉरोनेशन चेयर।' इसी राजसिंहासन पर पीढ़ियों तक स्कॉटलैंड के भूपतियों की ताजपोशी होती रही। यह एडवर्ड प्रथम के समय में बनी थी और तब से लेकर आज तक किसी भी सम्राट् या सम्राज्ञी का राज्याभिषेक इसके बिना सम्पन्न नहीं हुआ। पश्चिमी द्वार पर एक काँच के केस में एक बृहत् ग्रंथ धरा है, उसमें द्वितीय युद्ध में मारे गए नागरिकों के नाम और पते दिए गए हैं।

लन्दन आकर पर्यटक जिन प्रमुख दर्शनीय स्थलों को अवश्य देखते हैं, वे हैं बकिंघम पैलेस, विंडसर कॉसल, मदाम तुसाद का मोम की मूर्तियों का संग्रहालय और प्लैनेटेरियम।

बकिंघम पैलेस पहले ड्यूक ऑफ बकिंघम की निजी हवेली थी। जॉर्ज तृतीय ने इसे ड्यूक से खरीदकर राजप्रासाद में परिणत कर दिया। महारानी विक्टोरिया के सिंहासनारूढ़ होने पर यह स्थायी रूप से राजप्रासाद बन गया। इस बुलन्द इमारत के बीचों-बीच एक मेहराबदार झरोखा है, जिसमें विशेष अवसरों पर प्रजा का अभिनन्दन ग्रहण करने पूरा राज्य परिवार आकर खड़ा होता है। जब महारानी प्रासाद में रहती हैं तो राजसी झंडा फहराकर उनके

नगर में रहने की सूचना दी जाती है। ठीक साढ़े ग्यारह बजे यहीं 'चेंजिंग द गार्ड्स' होता है जब मिट्टी की मूरत-से लाल वस्त्र और झब्बेदार काली टोपी में सँवरे राजप्रासाद के सन्तरी अपना स्थान बदलते हैं।

संसार के सुन्दरतम, बृहत्तम राजप्रासादों में अग्रणी विंडसर कॉसल 'विलियम द कनकरर' ने बनवाया था। यह टेम्स नदी के किनारे स्थित है। चारों ओर का दृश्य अत्यन्त मनोरम है। यहाँ स्थित सेंट जार्ज चैपल की गणना संसार की श्रेष्ठ इमारतों में की गई है। प्रासाद के पश्चिमी कोने पर लन्दन का प्रसिद्ध सफारी पार्क है।

मदाम तुसाद की मोम की मूर्तियों का संग्रहालय और प्लैनेटेरिमय, दोनों ही आसपास हैं इसी से एक ही दिन में दोनों को देखने की सुविधा हमें अनायास ही प्राप्त हो गई थी।

प्लैनेटेरियम को देखने का समय, नियत रहता है। यदि आप समय से नहीं पहुँच पाएँ तो देखते-ही-देखते, वहाँ के शून्य गगनांगन में रात्रि की मरीचिका, ग्रह-नक्षत्रों के चँदोवे के नीचे बैठने के सुख से आप वंचित हो सकते हैं।

मदाम की मोम से बनी मूर्तियों के संग्रहालय में प्रवेश के साथ ही, पहले कुर्सी पर बैठी स्वयं मदाम की मूर्ति पर ही दृष्टि निबद्ध होती है।

मदाम की जीवितावस्था में प्रकाशित, लन्दन की गाइड पुस्तिका में, इस विलक्षण महिला का वर्णन इन शब्दों में किया गया है

'दर्शक एक सुरुचिपूर्ण सजे कक्ष में पहुँचेंगे। राजसी सज्जा में सँवरे इस कक्ष की दीवारों पर बड़े-बड़े आईने लगे हैं, बीच में, कुर्सी में अडिग भव्य मुद्रा में बैठी जो वृद्धा आपको मिलेंगी, वे ही हैं मदाम तुसाद। यदि वे उसी अडिग मुद्रा में बैठी रहतीं तो शायद आपको भ्रम होता कि ये भी इस प्रदर्शनी की मोम की मूर्तियों में से एक मूर्ति है—यह विलक्षण महिला स्वयं में ही एक प्रदर्शनी है।

'1761 में जन्मी मदाम फ्रांस के सम्राट् की बहन को मोम की मूर्ति कला सिखाने वर्सेलीज आईं। वहीं फ्रांस के विप्लव में गिलोटीन से कटे सिरों की अनुकृति बनाते-बनाते, उनके मस्तिष्क में एक ऐसे ही अवशेषों की प्रदर्शनी लगाने का विचार आया। उनकी यह प्रदर्शनी फिर उतना ही प्रख्यात संग्रहालय बन गई। एक बार जब वे देश-विदेश में घूमती, अपनी इसी प्रदर्शनी के बूते खासा नाम कमा रही थीं कि एक समुद्री यात्रा में जहाज डूब जाने से इनकी

इन बहुमूल्य मोम की मूर्तियों का पूरा संग्रह भी डूब गया, किन्तु इस साहसी महिला ने हिम्मत नहीं हारी, निर्जीव मूर्तियाँ ही तो डूबी थीं, उन्हें सिरजनेवाली उनकी सजीव अँगुलियाँ तो सलामत थीं। फिर नई मूर्तियों का निर्माण कर, वे पूरे 33 वर्ष तक, विभिन्न शहरों में, अपनी यह प्रदर्शनी लगाती रहीं—अन्त में, लन्दन में ही स्थायी रूप से बस, इन्होंने अपने इस अमूल्य संग्रह को और समृद्ध किया। अपने दोनों पौत्रों को मूर्तिकला सीखने रॉयल अकादमी में भेज, वे जी-जान से इसी संग्रहालय की मूर्तियों को जीवन्त बनाने के कार्य में जुट गईं।

'संग्रहालय के उस ऐतिहासिक खड्ग को जुटाने में, जिसने फ्रांस के बादशाह की गर्दन अलग की थी, उन्हें पानी की तरह रुपया बहाना पड़ा। कभी किसी सम्राट् की राज्याभिषेक की शाही पोषाक जुटाने ही में उनकी वर्ष-भर की कमाई निकल जाती, किन्तु उनकी सूझ-बूझ थी विलक्षण, कल्पना सजीव एवं साहस था अपरिसीम। आज भी, उस विलक्षण महिला के मोम के जीवन्त चेहरे पर, वे कर्मठ रेखाएँ और दृढ़ गाम्भीर्य देखकर दर्शक अनुमान लगा सकते हैं कि वह व्यक्तित्व कैसा असाधारण रहा होगा। इस संग्रहालय में इतिहासप्रसिद्ध प्रख्यात एवं कुख्यात व्यक्तियों से आप मिलते ही नहीं, उनके चेहरों पर, उनके जीवन, उनके चरित्र की एक-एक रेखा को, खुली पुस्तक-सा ही बड़ी सुगमता से बाँच सकते हैं। विभिन्न कक्षों में घूमते-घूमते, गांधीजी की यह उक्ति बार-बार सत्य होकर कानों में बजने लगती है, कि जो जैसा जीवन जीता है, वैसी ही रेखाएँ उसके चेहरे पर आ जाती हैं। कैसी अद्भुत जीवन्त मूर्तियाँ हैं, इसका आभास तब तक नहीं हो सकता, जब तक आप स्वयं उनके सान्निध्य में कुछ समय न बिताएँ। जाते ही बाईं ओर एक पराजित राज्य के राजपरिवार के दो बन्दी बालकों से जिरह कर रहे कठोर जल्लाद-से चेहरों पर दृष्टि पड़ी, तो सहम गई। उसका शीर्षक है—"And when did you last see your father?" 'तुमने अपने पिता को अन्तिम बार कहाँ देखा?' नन्हा-सा सुन्दर निर्भीक राजकुमार, शत्रुपक्ष के सम्मुख, दोनों हाथ पीछे बाँधे सीना ताने खड़ा है, उसके पीछे उसकी बालिका बहन, दोनों हाथों से मुँह ढाँपे सिसक रही है। सुना है, कभी इंग्लैंड के प्रत्येक गृह में, विलियम यीम की इस प्रख्यात कलाकृति की अनुकृति टँगी रहती थी।

तीन ब्रांते बहनों को देर तक देखती ही रही, जी में आ रहा था, लपककर उनका हाथ थामकर कहूँ—तुमने अपनी लेखनी के जादू से मेरे कैशोर्य की

कितनी रातें रससिक्त की हैं, जब तुम्हारी लेखनी, मंत्रपूत डोर-सी रात-रात-भर मुझे बाँधकर रख देती थी।

मदाम अपनी मूर्तियों का चयन केवल उनकी ख्याति की दृष्टि से ही नहीं करती थीं। जिस चेहरे पर चरित्र की रेखाएँ स्पष्ट उभरी हों और कालजयी बनी अनादि काल तक वैसी ही प्रभावपूर्ण बनी रहें, उन्हें ही वे अपने संग्रहालय में रखती थीं। एक बार, भाग्यशाली व्यक्ति का चयन हो जाने पर फिर आरम्भ होता उसके जीवन पर शोधकार्य। उसकी जीवनी का गहन अध्ययन किया जाता। उसकी पोशाक, उठना-बैठना, आँखों का रंग, बालों का रंग, सबका सूक्ष्म निरीक्षण होता फिर बनती मूर्ति! और जब बनकर तैयार होती, तो कभी-कभी निष्प्राण मूर्ति के सप्राण मॉडल भी अपनी अविकल अनुकृति देख दंग रह जाते। कहते हैं कि एक बार, एक फिल्म की शूटिंग के दौरान जब एक प्रशंसिका, एकटक शूटिंगरत एल्फ्रेड हिचकॉक को देख रही थी तो उन्होंने कहा था, 'मैडम, मैं कैसा दिखता हूँ, यह आपको देखना हो तो कृपया मदाम तुसाद के संग्रहालय में जाइए।' जब संग्रहालय की किसी मूर्ति का मॉडल पृथ्वी पर अपनी आंशिक लोकप्रियता खोने लगता है तो तत्काल उसकी मूर्ति को भी संग्रहालय से हटाकर स्टोर में डाल दिया जाता है। निकट-से-निकट खड़ी होने पर भी मैं विश्वास नहीं कर पाई थी कि वे निष्प्राण मूर्तियाँ हैं। चाहे वह लतावेष्टित कुंज में बैठी अगाथा क्रिस्टी हो या पीछे खड़े एल्फ्रेड हिचकॉक, आन्द्रे प्रेवीन, मर्लिन मनरो, सोफिया लॉराँ, जिसके साथ खड़ी होकर तस्वीर खिंचवाई तो मुझे अपना ही चेहरा मोम की मूरत-सा लगने लगा और सोफिया लॉराँ का जीवन्त। एक दूसरा प्रभावशाली दृश्य है हेनरी अष्टम का, अपनी सात बदनसीब रानियों के साथ वे अकड़कर खड़े हैं। उस कुटिल चेहरे के साये में, उन सात सहमे चेहरों की करुण चावनी देख, पैर ठिठक जाते हैं। एलिजाबेथ प्रथम, जॉर्ज थर्ड, महारानी विक्टोरिया, उनके पीछे टँगा है सर जॉर्ज हेटर द्वारा अंकित उनका जगतप्रसिद्ध कॉरोनेशन पोर्टेट, कभी इस चित्र की अनुकृति भारत के अधिकांश राजप्रासादों की दीवारों को सुशोभित करती थी, स्वयं मेरे रायबहादुर ताऊजी के यहाँ यह चित्र सुनहले फ्रेम में मढ़ा दीवानखाने में टँगा रहता था, शायद अब भी हो। ऐडवर्ड सप्तम का हाथ थामे महारानी ऐलेकजैण्ड्रा, पोप जॉन। कैनेडी के साथ खड़े सर चर्चिल अपनी प्रिय मुद्रा में दोनों हाथों से कोट का कॉलर थामे, खट-से सामने आ गए, तो मैं एक क्षण को चौंक गई थी। एक पल को मुझे लगा, उस कठोर चेहरे पर मोती-सी स्थिर

आँखों की पलकें झपक रही हैं। जनरल दगाल, बादशाह हुसैन, प्रधानमंत्री योशिदा, मार्शल टीटो, इनमें से प्रत्येक ने अपने निजी कपड़ों का चयन कर अपनी मूर्तियों को पहनाने स्वयं भेजा। यहाँ तक कि कुछ ने तो अपना रूमाल भी भेज दिया था जिससे मूर्ति की सज्जा पूर्ण रूप से जीवन्त हो उठे। बीचों-बीच, राजपरिवार की प्रभावशाली मूर्तियाँ खड़ी हैं, जहाँ कैमरों की सर्वाधिक खटाखट चलती है, दूसरी ओर बापू की भव्य मुद्रा, घुटनों तक की धोती, हाथ की लाठी देख लगता है, अभी-अभी दौड़कर मनु या आभा लाठी थाम लेंगी। एक अन्य प्रभावशाली राजपरिवार की झाँकी है अभागे सोलहवें लुई और अभिशप्ता मारी आंतोनियत की। माँ से सटकर खड़ा है कमनीय उत्फुल्ल चेहरे की छटा बिखेरता नन्हा राजकुमार, पिता के पास घुँघराले सुनहले केशगुच्छ लटकाए, राजकन्या। 1793 में जब, पहले इसी सम्राट् का सजीला सिर, गिलोटीन से विलग किया गया और फिर उसी टोकरी में इस सुन्दरी रानी का सिर गिरा तो सहमी भीड़ को इन कटे मुंडों को अन्याय एवं अत्याचार के प्रतीक के रूप में प्रदर्शित किया गया था, फिर उन्हें तत्काल मदाम तुसाद के पास पहुँचाया गया, जिससे वे चटपट उन्हें मोम के साँचे में ढाल, संग्रहालय में, सदा-सदा के लिए संचित कर लें! देखनेवाले, पीढ़ी-दर-पीढ़ी यह सत्य हृदयंगम करते रहे कि अत्याचारी का अन्त कैसा होता है। इसी संग्रहालय का एक और कक्ष है जहाँ पहुँचते ही दम घुटने लगता है, कलेजा धड़ककर मुँह को आ जाता है और जी में आता है, भागकर बाहर चले जाएँ। इस चेम्बर ऑफ हौरर (Chamber of Horror) की प्रस्तर भित्तियों से लेकर, भयावह निस्तब्धता को भंग करती, फाँसी के भीमकाय घंटे की मनहूस खनक, पर्वत-श्रेणियों से टकराती मेघ गर्जना-सी ही गरज-गूँज कलेजा भय से हिम कर देती है। यहाँ कुख्यात जघन्य अपराधियों की पूरी केस हिस्ट्री के साथ उनके अपराधों का सजीव चित्र प्रस्तुत करती खून से लथपथ मूर्तियाँ हैं, असली गिलोटीन से कटता टोकरी में गिरने को तत्पर, भयार्त्त सफेद चेहरा है, टब में तैरती निष्प्राण देह है, बदनाम खूनी, डॉ. क्रिस्टी हैं—जिन्होंने असंख्य सुन्दरियों की हत्या कर, उनकी लाश अपने किचन की आलमारी में बन्द कर सहेज दी थीं, कुख्यात हत्यारे विलियम पामर की क्रूर आँखें देख, देखनेवाले को, सहमकर स्वयं अपनी आँखें फेरनी पड़ती हैं। वह विलियम, जो वर्षों तक अपने मित्रों की, आत्मीयों की ऐसे हत्या करता रहा जैसे मच्छर मार रहा हो। इस कक्ष की सबसे हृदयद्रावक झाँकी है, मृत्यु की प्रतीक्षा कर रहे चार्ल्स पेस और हाथ में

चमड़े की पेटी लिए उसके जल्लाद मारवुड की। फाँसी का फंदा ऊपर झूल रहा है, लगता है दोनों हाथों से, कुर्सी के हत्थे थामे बैठे हत्यारे चार्ल्स पेस की अँगुलियाँ काँप रही हैं, ललाट पर न जाने कैसे पसीना झलकने का आभास होता है और चेहरे पर, संसार की समस्त ग्लानि, गहन पश्चात्ताप राशिभूत होकर उभर आए हैं। सबसे दर्शनीय है, जल्लाद की कठोर मुखमुद्रा, नीली पैनी दृष्टि की दृढ़ता और खड़े होने की कर्तव्यरत निर्विकार मुद्रा। चलते-चलते समापन किस्त में ट्रैफलगर स्क्वायर के युद्ध के नैलसन फ्लैगशिप पर सहमे पैर रखते हम बाहर निकले तो कानों में तोपों की गड़गड़ाहट गूँज रही थी, दूसरी ओर मृत वीर सैनिकों के लिए बजतीं गिरजे की घंटियाँ।

एक बड़ी-सी गैलरी में अनेक उपहार पुस्तिकाएँ, पिक्चर पोस्टकार्ड बिक रहे थे। सोचा, कुछ तस्वीरें खरीद लूँ। मैं आगे बढ़ी तो एक विचित्र दृश्य देखा, एक पाउंड में आप यहाँ अपनी ऐसी तिलिस्मी तस्वीर खिंचवा सकते हैं, जिसमें आपका कटा सिर आपके धड़ से विलग कर आपको और देखनेवालों को कैमरे का कौशल चमत्कृत कर देता है। ऐसी अनूठी तस्वीर भला अन्यत्र कहाँ खींची जा सकती है! वहाँ से निकलकर हम प्लैनेटेरियम (नक्षत्रालय) देखने तेजी से लपके। जल्दी-जल्दी टिकट लेकर भीतर पहुँचे तो वह घेरा कुछ-कुछ वैसा ही लगा जैसे भारत के नुमाइशी खेमे में खुदा मौत का कुँआ हो, जिसकी ऊँची-नीची ढलान में तीव्र गति से मोटर-साइकिल भगाता जाँबाज चालक, जान हथेली पर धरे, फराफर उड़ता-सा चला जाता है। पहले तो वह निराडंबर परिवेश देख निराशा हुई, पर एकाएक बत्ती बुझी और भरी दोपहरी में उस निरभ्र आकाश में अमावस का-सा अन्धकार छा गया और फिर देखते-ही-देखते, अगणित तारों की जगमगाहट से शून्य गगनांगन चमक उठा। चारों ओर लन्दन की विभिन्न ऐतिहासिक इमारतों के बेलबूटे, न जाने किस तिलिस्म से उभरने लगे और दर्शक दम साधे, उस बाजीगरी को देखते ही रह गए। साथ-साथ चल रहा था प्रत्येक ग्रह-नक्षत्र का परिचय। मंगल, शनि, बृहस्पति, सप्तर्षि-मंडल, धूमकेतु। कौन सोच सकता था कि बत्ती जलते ही यह जादू का खेल फिर मदारी के झोले-कथरी में सिमट जाएगा! सूर्यास्त, सूर्योदय, दिवस-धूसर शशि, तीव्रता से स्थानच्युत होकर जगमगाती मेहताब-सा गिरता उल्कापात, तारों-सा टिमटिमाता मानव-निर्मित नवनक्षत्र—सब देख इन चतुर विदेशियों की बुद्धि का लोहा मानना पड़ता है। बचपन में सुनी एक पहाड़ी उक्ति का स्मरण हो आया। जब एक सरल भोले पर्वतीय ने अल्मोड़ा में पहली

बार जलेबी देखकर, उसे भी अंग्रेजी का ही बुद्धि कौशल मान कहा था—

'धनिरे अंग्रेज तेरी कावा।
मैदे की नलि भितर चिनि कसिक हावा!'

'धन्य है अंग्रेज तेरी बुद्धि को, मैदे की नली के भीतर तूने चीनी कैसे पहुँचा दी।' प्रायः पौन घंटे तक, प्लैनेटेरियम में बैठ, हमने सहस्रों वर्ष पूर्व के अतीत की अन्तरिक्ष यात्रा की और भविष्य के अगणित काल्पनिक भावी वर्षों की झाँकी देखी, बीच-बीच में व्योम में उन जगतप्रसिद्ध वैज्ञानिकों के चित्र भी उभर जाते हैं, जिन्होंने मानव की इस अद्भुत प्रगति-यात्रा में, अनूठा योगदान दिया था। लन्दन का यह प्लैनेटेरियम, प्रत्येक जिज्ञासु पर्यटक को पौन घंटे में ही बहुत कुछ सिखा सकता है, इसमें कोई सन्देह नहीं।

हमारे सौभाग्य से लन्दन के मौसमी औदार्य ने हमें इधर-उधर घूमघाम, प्रायः सभी दर्शनीय नगीने बूटे देखने का पर्याप्त सुअवसर प्रदान किया था। नहीं तो सुना था, लन्दन का अप्रैल भी कभी-कभी बेहद सनकी तेवर बदल लेता है। जानलेवा ठंड और अनवरत बरसता आकाश, पर्यटकों का बाहर निकलना असम्भव कर देता है। हमें तो सदा निरभ्र आकाश का ऐसा स्वच्छ चंदोवा मिला कि जब चाहें निकल जाएँ और जब चाहें लौटें। वहाँ सूर्यास्त तब नौ बजे रात तक होता था। कभी-कभी दस बजे तक भी सूर्य बना रहता। सुबह भारी-भरकम नाश्ते के बाद ही हम निकल जाते। वहाँ दोपहर के भोजन का झंझट भारतीय परिवार भी नहीं पालते। इसी से वहाँ की गृहिणी की दिनचर्या भारतीय गृहिणियों की उस दिनचर्या से कहीं अधिक सुखद रहती है—जिसमें कभी-कभी बेचारी भारत की गृहिणी का आधा दिन ही चूल्हे-चक्की में निकल जाता है। नाश्ते में एक-से-एक स्वादिष्ट विभिन्न स्वादों के विटामिनपूर्ण नाश्ते के पैकेट लाकर लोग धर लेते हैं। बढ़िया दूध द्वार पर ही धरा मिल जाता है। शाम को खाली बोतलें धर दीं, सुबह भरी उठा लीं।

भारतीय गृहिणियों की तो आधी जिन्दगी ही निर्लज्ज ग्वाले से उलझने में बीत जाती है। कभी दूध में आवश्यकता से अधिक पानी, कभी सेर-भर दूध के स्थान पर तीन पाव। वहाँ दूध तो शुद्ध मिलता ही है, पनीर की भी बीसियों किस्में उपलब्ध हैं। कॉटेज चीज़ तो बहुत कुछ हमारी ताज़ी पनीर से मिलती है। नाश्ते के बाद अधिकांश गृह जनशून्य हो जाते हैं। बच्चे स्कूल, पिता अपने दफ्तर और माँ अपने। बिरली ही कोई गृहस्वामिनी घर पर खाली बैठी रहती है। संध्या को ही एक बार खाना बनता है। पहले-पहले, चार बार नाश्ते और

खाने का अभ्यस्त भारतीय हठीला पेट विद्रोह अवश्य करता है। किन्तु, फिर उसी दिनचर्या में आनन्द आने लगता है।

मैंने देखा कि वहाँ रात का खाना भी, समय पर ही निबटा लिया जाता है। यानी कि दफ्तर के प्रत्यावर्तन के कुछ ही देर बाद जिससे हाथ में समय का पर्याप्त मूलधन रहे। बाजार-हाट है। घूमना-फिरना है या किसी सेल में जाना है तो सुविधा से जा सकें। और कहीं नहीं भी जाना तो निरन्तर चल रहे टी.वी. के विभिन्न रुचि के कार्यक्रम ही पर्याप्त मनोरंजन के साधन जुटा देते हैं। विभिन्न चैनल बदलने पर मनचाहे नाटक, फिल्म, साप्ताहिक नाट्य रूपान्तर, क्विज़, पुरस्कार वितरण, अतीत के संगीत समारोह, नित्य नवीन वैविध्यपूर्ण उन प्रोग्रामों को देखकर बार-बार अपने देश के दूरदर्शन की अल्पज्ञता का भास होता है। चाहने पर हम भी क्या ऐसे कार्यक्रम नहीं प्रस्तुत कर सकते? सामान्य-सी कल्पना भी तो कभी बासी उबानप्रद कार्यक्रम को सुख श्राव्य एवं सुदर्शन बना सकते हैं। यह हम अभी नहीं सीख पाए।

उदाहरण के लिए, वहाँ एक कार्यक्रम होता है, जिसमें किसी भी प्रख्यात अभिनेता, अभिनेत्री, क्रिकेट के खिलाड़ी, साहित्यिक या संगीतकार के अतीत एवं वर्तमान की रोचक झाँकियाँ प्रस्तुत की जाती हैं। वह व्यक्तित्व स्वयं टेलीमंच पर उपस्थित रहता है। जिस स्कूल में उसने पढ़ा है, जहाँ शैशव बीता है, उस ग्राम या शहर की झाँकी, बचपन के चित्र, बाल्य-सखाओं, माता-पिता, भाई-बहनों को, एक-एक कर मंच पर आमन्त्रित किया जाता है। पर्दा खोलकर, अब कौन आत्मीय, कौन मित्र या कौन सहअभिनेता, अभिनेत्री आएँगे, मंच पर आसीन वह व्यक्ति भी नहीं जान पाता। एक-एक कर उनके नाम घोषित होते हैं, उस व्यक्ति के कृतित्व की छुटपुट झाँकियाँ प्रस्तुत की जाती हैं जिनमें उसे विशेष ख्याति प्राप्त हुई थी। अन्त में दूरदर्शन की ओर से, एक दामी उपहार भी उसे भेंट किया जाता है।

ऐसे ही उनके 'क्विज' या प्रश्नोत्तरी कार्यक्रम में भी नित्य नवीन प्रयोग चलते रहते हैं। कभी दो परिवारों को आमने-सामने बिठा दिया जाता है। परिवार के सभी सदस्य, वृद्ध माता-पिता, पितामह-मातामह सब रहते हैं। यह नहीं कि वृद्धा दादी या बाबा लाठी टेकते आ रहे हैं। आधुनिकतम सज्जा में सँवरी, उस देश की नानी या दादी की भी ऐसी सतर काठी कि हमारे देश की प्रौढ़ाएँ भी पानी भरें। नकली दाँतों की उजली हँसी, कपोलों पर लालिमा, सँवरा भ्रूभंग, चाहें तो कब्र में उतरने से पूर्व भी तीन-तीन शादियाँ कर लें। किन्तु,

बने-ठने उस वार्धक्य में वह सरल सात्विकी तेज, मुझे कहीं नहीं दिखा जो हमारे देश की पोपली हँसी में चमक झुर्रियों को उद्भासित करता है। उस देश का बुढ़ापा, हमारे देश के बुढ़ापे की भाँति, 'जो आके न जाए' वाला बुढ़ापा नहीं है, उसके जिद्दी ठहराव को वहाँ लाठी लेकर दूर खदेड़ने के लिए उनके पास बीसियों सशक्त साधन हैं। किन्तु इन साधनों के बूते पर क्या प्रकृति को पराजित करने की चेष्टा स्वयं अपने-आपको छलने की चेष्टा नहीं है?

हमारी संस्कृति ने सदा संस्कारों को ही सर्वाधिक महत्त्व दिया है। व्यक्ति हो या समाज, उसे श्रेष्ठ बनाने में संस्कारों की महत्त्वपूर्ण भूमिका रहती है, यह हम सदा मानकर चलते हैं। आज अनेक पाश्चात्य विद्वान 'यूजेनिक्स' के शोधकार्य में संलग्न हैं। 'यूजेनिक्स' अर्थात् सुसंतान शास्त्र। इसमें विवाह, परिवार, परम्परा आदि पर शोधकार्य कर विद्वान इस निष्कर्ष पर पहुँचे हैं कि केवल भारतीय संस्कृति में ही उन सभी तथ्यों का समावेश है जो व्यक्ति एवं समाज को एक परिष्कृत रूप देते हैं।

यह एक मनोवैज्ञानिक सिद्धान्त है कि अनुकूल वातावरण का व्यक्ति पर, विशेषकर बच्चों के कोमल स्पर्शकातर हृदयों पर, सर्वाधिक प्रभाव पड़ता है। बच्चे अधिक संवेदनशील होते हैं, इसी से उत्तेजक, अश्लील दृश्य उनके हृदय पर स्थायी रूप से अंकित हो बुरा प्रभाव डालते हैं। नाटक, सिनेमा या टी.वी. में देखे गए दृश्यों का उन पर सर्वाधिक प्रभाव पड़ता है। इस दृष्टि से विदेश का दूरदर्शन उन कोमल हृदयों के लिए कितना हितकर है—यह देखकर ही अनुमान लगाया जा सकता है।

माता-पिता के व्यस्त जीवन के कारण स्कूल से लौटे अधिकांश बच्चों को केवल टी.वी. का ही अवलम्ब रह जाता है। पास में धरा रहता है मेवे, चॉकलेट या किसी अन्य स्नैक्स का पैकेट। मचर-मचर खाए जा रहे हैं और उन उत्तेजक कार्यक्रमों को देखने दिन-भर वहीं पसरे पड़े रहें। यदि वे दिन-रात ऐसे प्रोग्राम देख निम्नवर्गी प्रवृत्तियाँ अपनाते हैं तो दोष उनका नहीं है। यही कारण है कि वहाँ की बारह वर्ष की बच्ची के चेहरे पर भी एक प्रौढ़ परिपक्वता रेंग आती है। समझने-सीखने की वयस से बहुत पहले ही वह बहुत कुछ सीख लेती है। हमारी भाँति उस देश में अधकचरे फलों को पाल में धरकर नहीं पकाया जाता। वे डाल ही पर लटके असमय स्वयं ही पककर टपकने लगते हैं।

रात्रि ग्यारह बजे के बाद उनके दूरदर्शन कार्यक्रम कभी-कभी ऐसे होते हैं

कि कोई संस्कारशील भारतीय परिवार एकसाथ बैठकर उन्हें नहीं देख सकता। उनके कार्यक्रमों का सफल सशक्त पक्ष है–उनके व्यवसायी विज्ञापन। एक लम्बे अरसे तक नियमित रूप से उनके विभिन्न चैनलों के कार्यक्रम मैंने देखे और कोई भी विज्ञापन मुझे बासी नहीं लगा। नई सूझ, नई कल्पना और ऐसा सुन्दर प्रदर्शन कि विज्ञापित कोई नया चॉकलेट या स्नैक का पैकेट दूसरे दिन अवश्य घर के बच्चों के हाथ में दिखता। नया परफ्यूम, नए जूते, नए हैंडबैग, किसी डिपार्टमेंटल स्टोर की सुविज्ञापित वस्तुओं की नयनाभिराम छटा देख जी में आता अभी जाकर खरीद लें।

हमारा यही पक्ष दुर्बल है। किसी दन्तमंजन के विज्ञापन में या तो हम एक ही बूढ़े को बरसों दाँत से अखरोट तोड़ते देख ऐसे ऊब जाते हैं कि स्वयं हमारी दाढ़ दुखने लगती है या हल्दी-चन्दन के लेप से किसी कंचन-सी काया को बरसों से उसी उबाऊ घिसघिस में घिसा जाता देख झुँझलाने लगते हैं। सामान्य-सी कल्पना की सूझ हमारे इस दुर्बल पक्ष को भी सँवार सकती है, यह हम नहीं समझ पाते। जहाँ तक प्रतिभा का प्रश्न है, हमारे देश में इसका अभाव नहीं है, न सुन्दर चेहरों की ही कमी है। फिर भी न जाने क्यों प्रदर्शन की कला में हम अब तक निरन्तर अपना दारिद्र्य ही विज्ञापित करते चले जा रहे हैं।

मुझे भी वहाँ के दूरदर्शन कार्यक्रमों में भाग लेने का सुअवसर प्राप्त हुआ। तब मैंने देखा कि वे दूरदर्शनी शिष्टाचार को कितना महत्त्व देते हैं। बैठने की शालीन भंगिमा हो या प्रश्नोत्तरी का सहज-सतत प्रवाह, उसे सँवारने में या वक्ता की त्रुटियों की ओर इंगित करने में उन्हें संकोच नहीं होता।

ग्रामीणों का प्रोग्राम होगा तो वे हमारी भाँति स्टूडियो में ही झोंपड़ी खड़ी कर किसी निपुण नागरी का तत्काल ग्राम्या में परकाय प्रवेश नहीं करा देते। यह नहीं कि लिपस्टिक रंजित अधर हैं, नुची-सँवरी भवें हैं, कॉन्वेंट के खटके का उच्चारण है, बस उसी पर सीधा पल्ला ओढ़ाया, घूँघट खींचा और बन गई देहातिन। वहाँ खाँटी ग्रामीणों को उनके ही परिवेश में चित्रित किया जाता है। किन्तु अपनी कमियों के बावजूद मुझे अपने देश के कार्यक्रमों का एक पक्ष अब भी सबल ही लगता है। होमियोपैथी औषधि की मीठी गोलियों की भाँति वे व्याधि का उपचार करने में समर्थ हों या असमर्थ, कम-से-कम रोगी का अहित तो नहीं करते। वहाँ के भारतीय माता-पिताओं को यह एक आम शिकायत है कि उनके बच्चे चौबीसों घंटे टी.वी. से ही चिपके रहते हैं और

किसी-न-किसी अंश में अवांछित कार्यक्रम उन पर कुप्रभाव छोड़ ही जाते हैं।

वहाँ उन भारतीय महिलाओं का जीवन भी बहुत सुखद नहीं है जो या तो तलाकशुदा हैं या पति-परित्यक्ता हैं।

मेरा परिचय वहाँ एक ऐसी आकर्षक भारतीय युवती से हुआ जो एक बार दुखी होकर मेरे पास राय लेने आई थी कि वह पुनः ओखली में सिर दे या नहीं? बेचारी एक बार दूध से बुरी तरह जल चुकी थी, इसी से अब मठा भी फूँक-फूँककर पीना चाह रही थी। वयस थी कुल चौबीस किन्तु दो पुत्रियों की जननी बन चुकी थी। विदेश-प्रवासी पति का प्रथम सान्निध्य ही उसे प्रेम की चकरघिन्नी खिला गया था। विदेश का सुख-साधन-मंडित जीवन, सास-ससुर-विहीन निरंकुश स्वच्छंदता एवं पति का वैभव उसे चतुर वधिक के जाल में फँसा उतनी दूर ले आया था। धीरे-धीरे वास्तविकता जल में तेल की बूँद की भाँति तैरती सतह पर आ गई। पति की नारीलोलुप चटोरी जिह्वा नित्य नवीन स्वाद चखने की अभ्यस्त थी। आसव की गहरी घूँटें उसके अविवेकी आचरण को कभी-कभी निर्मम बना देती थीं और वह उस पर हाथ भी उठाने लगा था। उस पर विदेश का जीवन इतना कठिन होगा, उसने कल्पना भी नहीं की थी। मायके में पाँच-पाँच नौकर थे, महरी थी। यहाँ स्वयं खाना बनाना, बर्तन मलना, कपड़े धोना, इस्तरी करना, बच्चों को देखना उसे बेहद अखरने लगा। धीरे-धीरे उसकी शक्ति एवं धैर्य दोनों क्षीण होते चले गए। प्रवासी जीवन की व्यर्थता उसे पागल बनाने लगी।

एक दिन उसने स्वयं ही मुक्ति का मार्ग ढूँढ़ लिया। कानून ने मकान दिलवा दिया, भरण-पोषण की व्यवस्था भी कर दी और नौकरी भी जुट गई। एक पुत्री को उसने पलने के लिए भारत भेज दिया। बड़ी की कोई समस्या नहीं थी। वह स्कूल जाने लगी थी। बेहद प्यारी बच्ची थी। किन्तु मैं देखती, वह प्रायः ही सड़क पर बच्चों के साथ खेलती थी। कभी माँ किसी मित्र के यहाँ छोड़ आती। वह ऑफिस की किसी पार्टी में जा रही है, उसे लौटने में देर होगी, लौटकर ले जाएगी। अपनी खिड़की से मैंने एक दिन देखा, आधी रात को उसकी माँ नींद में बेखबर सोई पुत्री को कन्धे पर डाल कम्बल से लपेट-लुपूटकर घर ले जा रही है। लन्दन के उस गहन रात्रि के अन्धकार को चीरती पुत्री को कन्धे पर लिए जा रही उस तरुणी जननी को मैंने देखा तो मेरा जी भर आया था। यह भी कैसा जीवन है?

'कभी-कभी मुझे गुमनाम चिट्ठियाँ मिलती हैं।' एक दिन वह मुझसे कहने

लगी, 'सावधान रहना, आज रात को मैं आऊँगा। तुम्हारे व्यर्थ जा रहे यौवन की व्यथा स्वयं मेरी ही व्यथा बन गई है।' बेचारी सहमकर कभी-कभी पुत्री को लेकर किसी मित्र के यहाँ सोने चली जाती या कभी पुलिस की सहायता माँगती।

'सोचती हूँ, फिर विवाह कर लूँ। यहाँ एक ऐसा ही ब्योरा है जो भारतीय स्वयंवर की पूरी सुविधा जुटा देता है। एक व्यक्ति से मैं मिली भी हूँ, अभी तक कुँआरा है, अच्छी आमदनी है, बड़ा सभ्य, उतना ही विनम्र, देखने में भी खास गबरू जवान है। आप क्या सोचती हैं, मुझसे विवाह करने पर वह मेरी पुत्रियों को भी पिता का प्यार दे पाएगा? आप तो कहानियाँ, उपन्यास लिखती हैं!'

उपन्यास-कहानियाँ लिखने से ही क्या मानव-स्वभाव की जटिल गुत्थी सुलझाने की क्षमता प्राप्त हो सकती है? यदि यह सम्भव होता तो संसार में इतना विक्षोभ, इतना विघटन क्या रह पाता? साहित्य ने तो एक-से-एक महारथी संसार को दिए हैं, किन्तु मानव को मानव क्या आज तक समझ सका है?

'मैं भला तुम्हें क्या राय दे सकती हूँ, यह तो तुम्हारी व्यक्तिगत समस्या है। तुम्हें इसे स्वयं ही अपने अनुभव एवं विवेक से सुलझाना चाहिए। किन्तु पहाड़ की एक पुरानी कहावत तुम्हें अवश्य सुना सकती हूँ कि पराई सन्तान पालना, अपनी हथेली के मांस को मुँह में लेने-सा ही कठिन है।' मैंने कहा।

फिर माँ की मुँहलगी उसकी बच्ची लाड़-दुलार, समय-समय पर दिए गए उत्कोच में बेहद जिद्दी बन गई थी। माँ का उग्र स्वभाव भी उसने विरासत में पाया था।

'कभी सोचती हूँ, भारत लौट जाऊँ। शायद वहाँ मुझे कोई ऐसा सहचर मिल जाए जो मेरी कमियों के बावजूद मुझे निभा ले। पर वहाँ दो महीने के लिए जाती हूँ तो एक ही महीने में लौट आती हूँ।' वह कहने लगी तो उसकी रसीली आँखें भर आईं।

'ममी-डैडी पहले से ही नाराज हैं, मेरे विवाह में उनकी सहमति नहीं थी। फिर यहाँ की सुख-सुविधाओं के बाद वहाँ हम भले ही अपनी मजबूरियों से समझौता कर लें, हमारे बच्चे परेशान हो जाते हैं। देहात में मायका है। वहीं डैडी का फार्म है। टॉयलेट की समस्या मुख्य है, यूरोपियन सीट नहीं है और नित्य के कब्ज से मेरी बच्ची बीमार पड़ जाती है। भाई के बच्चों से इसकी

पटती नहीं। पिछली बार मम्मी कहने लगीं—कैसी दादी-अम्माँ बना दिया है तूने लड़की को? कैसी-कैसी बातें करती है, जैसे पुरखिन हो! इतनी विद्या कैसे आ गई इसके पेट में?—उधर छोटी लड़की से मिलती हूँ और पूछती हूँ बता, मैं कौन हूँ? कहती है, आंटी।'

मैंने जब अन्तिम बार उस अतृप्त जननी को देखा, तो वह चिरस्वयंवरा बनी एक भड़कीली इंपाला में शायद अपने उसी भावी सहचर के साथ घूमने जा रही थी। उसकी बच्ची तीन-चार निग्रो बच्चों के साथ सड़क पर खड़ी कार के पीछे लुकाछिपी खेल रही थी। मुझे लगा, यह खेल उस बेचारी को जीवन-भर खेलना होगा। उसकी महत्त्वाकांक्षिणी जननी को पति भले ही मिल जाए, सड़क पर खेल रही उस एकाकिनी पितृस्नेह वंचिता बालिका को क्या सिनथैटिक नवीन पिता का स्नेह मिल पाएगा?

लन्दन के प्रायः सभी दर्शनीय स्थलों को देख हम थकान दूर कर ही रहे थे कि रौचडेल जाने का सुअवसर प्राप्त हो गया। वहाँ से प्रसिद्ध लेक डिस्ट्रिक्ट कुल बीस किलोमीटर की दूरी पर है। ट्यूब में जाने में दो जगह गाड़ी बदलनी पड़ती, इसी से हमने कार ही में जाने का निश्चय किया था। अच्छा ही हुआ कि हम कार से गए, हवा के वेग को तुच्छ करती ट्यूब में जाते तो वह अद्भुत वनश्री, विभिन्न नगरों की वह शोभा, सम्भवतः उस सहजता से देख भी नहीं पाते। सप्ताहान्त था, इसी से प्रशस्त सड़कों पर सैकड़ों कारों की कतार चली जा रही थी। लगभग दो सौ किलोमीटर की दूरी की दीर्घयात्रा की कल्पना भी हमें त्रस्त नहीं कर पा रही थी। ऐसा मनोहारी दृश्य और उतना ही सुहावना मौसम। लिवरपूल, न्यूकॉसल, मैनचेस्टर आदि के नाम, जो कभी हमारे स्कूली भूगोल के पृष्ठों तक ही सीमित थे, सहसा आँखों के सामने किसी लुभावने रेशमी थान की तेजी से खुलते चले गए। इन नगरों के स्थापत्य की एक विशेषता यह है कि एक ही सज्जा के ढाँचे में अधिकांश गृह ढाले गए हैं। ढालू छतें, शीशम के द्वार, बड़े-बड़े काँचों से दीखते एक ही से लेस लगे सफेद पर्दे। किसी वॉटर कलर पेंटिंग की-सी छटा बिखेरता रंग-बिरंगे पुष्पों का वैभव, हवा में झूमते डैफोडिल ट्यूलिप के पुष्पगुच्छ, और हर दसवें मकान में 'फार सेल' की झूलती तख्ती।

जैसे-जैसे हम लन्दन से दूर होते गए, चरागाहों पर चरती स्वस्थ गायों का झुंड हर दसवें मोड़ पर दिखने लगा। हाथ में टोकरी थामे, हवा में फहराते

सुनहले केशगुच्छ पर रंगीन रेशमी रूमाल बाँधे, लाल-लाल गाल और फिरोज़ी नीली आँखोंवाली बाजार-हाट करने जा रही युवतियों को देख बार-बार हार्डी की बाथशेवा एवरडीन की याद हो आ रही थी। बीच-बीच में, सड़कों के संकेत को पथप्रदर्शिका पुस्तक के पन्ने से मिलाते हम चले जा रहे थे। मार्ग में अचानक सजा-धजा, सेहरा बाँधे एक ठेठ भारतीय नौशा दिख गया। वह सर्राता निकला ही था कि एक दूसरी कार में कुछ खिलखिलाते गुलगोथने बच्चों ने लपककर अपने हाथ की छड़ी में बँधा कागज़ हमें दिखाया 'स्माइल' और बरबस हमसे मुस्कान उगलवा हँसते-खिलखिलाते दूसरी सड़क में विलीन हो गए।

इतनी लम्बी यात्रा हमने भारत की सड़कों पर की होती तो अंग-अंग दुखने लगता पर कुछ वहाँ की शीतल बयार, कुछ कार की तीव्र गति और कुछ मार्ग की वैविध्यपूर्ण छटा ने सामान्य-सी क्लांति को भी हमारे पास नहीं फटकने दिया। फिर भारत में कार द्वारा दीर्घयात्रा इतनी निरापद भी नहीं हो सकती, बहुत तड़के या दिन डूबे ऐसी यात्रा करने में, विशेषकर कुछ बदनाम इलाकों की सीमा का स्पर्श करने में भारत का साहसी-से-साहसी चालक भी कभी-कभी झिझक उठता है।

हमारे देश के मनुष्य के प्राणों का मूल्य कम आँका जाता है। मैं कई बार जी.टी. रोट पर कार द्वारा चंडीगढ़ से दिल्ली गई हूँ। कई बार लखनऊ से कानुपर की कार-यात्रा करने का भी अवसर मिला है, जितनी बार इन दो जनसंकुल सड़कों पर हमारी कार या टैक्सी गई, उतनी ही बार मार्ग में एक-आध दुर्घटनाग्रस्त उलटकर औंधी पड़ी ट्रक या चादर से ढकी किसी अभागे की निष्प्राण देह अवश्य देखने को मिली है।

एक बार तो एक भयंकर दृश्य देखा था। सड़क के किनारे एक औंधी बैलगाड़ी पड़ी थी। चारों ओर बीच से फट गए तरबूजों का लाल गूदा फैला था। उन्हीं के बीच बैलगाड़ी के चालक का फटा सिर और बाहर लटक आए दिमाग के गूदे का लाल लोथड़ा! कोई ट्रकचालक उसे घातक टक्कर देकर ट्रक वहीं छोड़ भाग गया था। पुलिस के खींचे गए कॉर्डन में न जाने कब से उस अभागे की लाश वहाँ पड़ी थी और न जाने कब तक वहाँ पड़ी रही होगी। दुर्घटनाएँ विदेश में भी होती हैं, किन्तु वहाँ मृत्यु को वही शालीन सम्मान दिया जाता है जो दिया जाना चाहिए। घायल को तुरन्त अस्पताल ले जाने के लिए तत्काल सेवा को तत्पर ऐंबुलैंस हैं, अविलम्ब उपचार की सुव्यवस्था है। दुर्घटना

में मृत व्यक्ति वहाँ लावारिस सड़क पर नहीं पड़ा रहता। मेरी भतीजी रानी ने अस्पताल और अपने घर का पूरा नक्शा हमें टेलिफोन पर ही थमा दिया। उसके पति वहाँ सर्जन थे। 'हमारा बँगला ढूँढ़ने में तुम्हें कोई परेशानी नहीं होगी', उसने कहा था। किन्तु वहाँ पहुँचे तो उस छोटे-से शहर की सड़कों की भूलभुलैया में भटक गए। टाउन हॉल के पास ही हमने कार रोकी और पास ही के पुलिस स्टेशन पर उन्हें फोन करने पहुँचे।

'वैसे तो यहाँ किसी का भीतर आना वर्जित है,' वहाँ के पुलिस अधिकारी ने बड़ी विनम्रता से हँसकर कहा, 'बाहर का नोटिस तो आपने देख ही लिया होगा, पर आप परदेशी हैं, आपकी सहायता करना हमारा कर्तव्य है, आप फोन करके अपने आत्मीय को यहीं बुला लें।'

काश ऐसी विनम्रता हमारे दीवानजी में भी होती! एक बार कैसरबाग पुलिस स्टेशन के बाहर ही मेरा रिक्शा रोक रिक्शाचालक मेरे ही कहने पर उन सज्जन का पता पूछने भीतर चला गया था, जिन्हें बड़ी देर से ढूँढ़-ढूँढ़कर मैं हार गई थी। सोचा, पुलिस महकमे के ही अवकाश-प्राप्त उस अफसर की कोठी का पता वे पुलिस के कर्मचारी अवश्य जानते होंगे। तीन-चार वर्दीधारी पुलिसवाले बरामदे में धरी बेंच पर बैठ बीड़ी पी रहे थे। रिक्शावाले ने पता पूछा तो जैसे बारूद में जलता पलीता लग गया, 'अबे फूट, यह क्या तेरी ननिहाल है, जो हर ऐरे-गैरे नत्थू-खैरे का पता पूछने चला आया है?'

बेचारा अपना-सा मुँह लिए लौट आया और उन परिचित बुजुर्ग से मिले बिना ही मैं लौट आई थी।

जब हमने फोन किया और जब तक मेरी भतीजी लेने नहीं आई, तब तक हमने टाउन हॉल के उस सुन्दर उद्यान में घूमकर उन कौशल से बनी क्यारियों को देखा। कॉफी पी और फिर उस छोटे-से शहर की प्रशस्त स्वच्छ सड़कों पर होते हुए गंतव्य स्थान पर पहुँचे।

रौचडेल को देखकर बार-बार नैनीताल की याद आ रही थी। यदि किसी नैनीतालवासी को आँखों में पट्टी बाँध सहसा रौचडेल के उस बाबर ऐवेन्यू के चौराहे पर खड़ा करके पट्टी खोल दी जाए तो वह यही समझेगा कि वह ब्रुकहिलवाली नैनीताल की सड़क पर खड़ा है। दो शहरों में ऐसा अद्भुत साम्य मुझे बहुत कम देखा है। विधाता भी कभी मानव को कैसे चौंका देता है! कभी एक-से दो चेहरे गढ़कर और कभी एक-से दो शहर!

हमारे दो दिन वहाँ बड़े आनन्द से बीते। रानी ने मेज पर पूरा विवाह-

भोज ही जुटा दिया था। फूली-फूली गर्म पूरी-कचौड़ी, कद्दू की सब्जी, आलू-मटर के रसे को रक्तिम बना रही लाल रंगी मिर्च की जायकेदार लालिमा, पापड़, अचार और बमगोले-से गुलाबजामुन। खाना खा हमने जी भरकर गाने सुने। अनेक विस्मृत कंठ-स्वर कानों में रस घोल उठे। पटवर्धन, भाई छैला, नारायणराव व्यास, अंगूर बाला, इंदु बाला, किशोरी, कुमार गंधर्व, अमीर खाँ। रानी का संग्रह अपूर्व था। संगीत पर्व शेष हुआ और उसके बच्चे सो गए तो रानी तकिया लेकर मेरे कमरे में आ गई। बातों ही बातों में रात कब बीत गई, हम जान भी नहीं पाईं।

पहाड़ी में एक शब्द है 'सौलकठौल'। मैं दावे के साथ कह सकती हूँ कि ऐसा दिव्य सजीव शब्द संसार की किसी भी भाषा के शब्दकोश में नहीं मिल सकता। 'सौलकठौल' अर्थात् अपने समाज की उल्लेखनीय घटनाओं का सम्पूर्ण गजेटियर। बेचारी रानी तीन वर्षों की अवधि में एक बार भी भारत नहीं जा पाई थी। इस बीच हमारे समाज में कई ऐतिहासिक घटनाएँ घट चुकी थीं। कई दुःसाहसी प्रणयमत्त पर्वतकन्याओं ने अंतर्जातीय विवाह कर लिए थे। कुछ तलाकों ने कुमाऊँ जैसे संस्कारशील लौह कमठ को विचलित कर पूरी धरणी को कँपा दिया था। कई दब्बू बहुओं को सासों ने त्रस्त कर दिया था और कई दबंग बहुएँ, निरीह सासों की छाती पर बेहयाई से मूँग दल रही थीं। जहाँ हम सबके विवाह 51 रुपये के द्वाराचार में सम्पन्न हुए थे और हमारे युग का नौशा एक घड़ी, एक अदद सूट पाकर ही गुलगुल होकर लौटता था, वहीं अब कुमाऊँ के नौशे के पेट में भी दाढ़ी उगने लगी थी। मशीन की जगह अब टेलिविजन ने ले ली थी। और एक खूसट तो पुत्र को टेलिविजन न मिलने पर बारात ही लौटा ले जाने को तत्पर हो गया था। बड़ी चेष्टा से बिरादरी ने कन्यापक्ष की लाज धरी थी। कभी कोई सोच सकता था कि उस सरल कुमाउँनी समाज को भी यह विसंगतियाँ एक दिन डस लेंगी जहाँ केवल कुश और कन्या को लेकर ही सप्तपदी सम्पन्न होती थी? रानी इन सब नवीन परिवर्तनों से अनभिज्ञ थी। मैं उसे सुना रही थी और उसकी बड़ी-बड़ी आँखें और बड़ी होकर उसके चेहरे पर फैलती जा रही थीं—'सच गौरा बुआ?'

मैं उन रोचक प्रसंगों की पोटली बड़े यत्न से बाँधकर उसके लिए इतनी दूर लाई थी। यदि दामी-से-दामी उपहार भी उसके लिए स्वदेश से लाई होती, तब भी उसे शायद इतना आनन्द नहीं आता। हमारे 'सौलकठौल' का पर्व आधा भी नहीं हुआ कि रात बीत गई। वैसे भी सुदूर विदेश में जब दो आत्मीय

नारी हृदय मिलते हैं, तो जाड़े की सुदीर्घ विभावरी भी छोटी पड़ती है, फिर यह तो वैशाखी रात्रि का छोटे-से अर्ज का थान था। चलने लगी तो रानी की आँखें छलछला आईं, 'अगले महीने हम नाइजीरिया जा रहे हैं, अब पता नहीं कब मिलना हो? पर यह रात हमेशा याद रहेगी गौरा बुआ...'

मैंने उसका हाथ स्नेह से दबाकर बड़ी अनिच्छा से विदा ली, 'याद रहनी भी चाहिए रानी, एक ही रात में तुझे कुमाऊँ के इतिहास का नवीनतम पूरा अध्याय सुना गई हूँ। अब चाहे तू नाइजीरिया जा, या ईरान-तूरान, समझ ले तेरी बैटरी रिचार्ज कर गई हूँ। एकान्त में बैठकर परमानन्द से इन्हीं 'सौलकठौलों' की जुगाली करती रहना, कभी अपच नहीं होगा।'

हम लन्दन लौटे तो स्वदेश जाने की आसन्न तिथि का स्मरण कर अनेक छोटे-मोटे कार्यों की सुधि हो आई। एक बार फिर वही सामान तौलने की मनहूसियत। क्या धरें, क्या छोड़ें! युधिष्ठिर के कुत्ते की भाँति एक-न-एक वस्तु का मोह फिर उसे साथ रखने को मोहग्रस्त कर उठता। एक मित्र ने फिर उबार लिया, 'क्यों घबड़ा रही हैं? सब ठीक हो जाएगा। जो सामान रह जाएगा, उसे हम शिप से भेज देंगे।' किन्तु जहाज में आए अपनी पुत्री के सामान की दुर्दशा मैं देख चुकी थी, इसी से जी में आ रहा था, सब सामान साथ ही चले तो अच्छा हो।

अन्त में वह दिन भी आ गया जब बहू की डोली लेकर लन्दन से विदा लेनी पड़ी।

कुछ ही दिन पूर्व हबीब पेन्टर से खुसरो की ये पंक्तियाँ सुनी थीं—

काहे को ब्याही विदेश रे लखि बाबुल मोरे
भइयों को दीन्हे महल अटरिया
हमको किया परदेश रे
लखि बाबुल मोरे

किसी की पली-पलाई पुत्री को मैं सात समुद्र पार लिए जा रही थी, इसी से स्वदेश लौटने का उत्साह भी एक क्षण को म्लान हो गया था। जिसने स्वयं पुत्री को विदा किया हो, वही इस विदा की व्यथा को समझ सकता है।

इस बार की हवाई यात्रा में मेरी सहयात्रिणी एक रौबदार पाकिस्तानी महिला थीं। साथ में उनका पुत्र था, जिसकी सतरंगी कमीज का आगा-पीछा काले-काले टेढ़े-मेढ़े एक ही अक्षर से भरा था, 'सेक्सी', 'सेक्सी'। सिर पर

लगा था बेंत का एक विचित्र टोप, जैसे किसी ने सूप औंधा कर सिर पर रख दिया हो। उसके आते ही 'पैनऐम' का पूरा कक्ष एक तीव्र सुगन्ध से मह-मह महक उठा था। लग रहा था, किसी तीव्र सुगन्ध के इत्र की बीसियों शीशियाँ एकसाथ शरीर पर उड़ेल लाया है। बेटा तनकर अम्मा के साथ हमारी आगेवाली सीट पर बैठ गया तो अम्मा ने दबे स्वर में टोका, 'अब इतनी सिगरेट मत पियो, कलेजा तो वहाँ फूँक ही आए हो।'

उत्तर में महाबेसुरी आवाज में बेटा किसी अंग्रेजी गीत की धुन गुनगुनाता चला जा रहा था। सचमुच ऐसा धाकड़ सिगरेट फूँक जवान मैंने कोई नहीं देखा। एक के बाद एक फकाफक। बीच में उठकर डनहिल का एक पूरा कार्टन खरीद लाया।

'अब एकसाथ सुलगाकर मुँह में लगा ले और छुट्टी कर।' अम्मा भुनभुनाकर बोलीं। उसी क्षण, उन्होंने मुझे मुड़कर देख लिया तो आवाज़ दबा ली, 'वह खाना लाती ही होगी। जा लपककर कह आ कि हमें वेजिटेरियन खाना चाहिए।'

'क्यों?' सूपधारी ने खट से पूछा।

मैं देख रही थी, जब से यात्रा आरम्भ हुई थी, वह निरन्तर माँ की चाल में अपने प्रश्न का तुरुप लगा रहा था।

'लो, पूछता है क्यों? अरे, मैं कब हराम का गोश्त खाती हूँ?'

वह बड़ी अनिच्छा से उठा और कहने चला गया। थोड़ी देर में खाना आ गया। वेजिटेरियन के नाम पर 'पैनऐम' में जो चरी-भूसा मिलेगा, वह मैं जानती थी। इसी से मेरी भूख शायद स्वयं ही दम तोड़ चुकी थी। खाना आया तो मैंने देखा, इस बार ट्रे में अंगूर के दानों जैसे न जाने किस प्रागैतिहासिक पक्षी के सात-आठ अंडे भी सजे थे।

सूपधारी की अम्मा देखते भी भड़क उठीं। लाहौल पढ़कर उन्होंने पुत्र को फिर कड़ी फटकार पिलाई—'अजी, ये किसके अंडे उठा लाई है मुई?'

'छिपकली के लग रहे हैं।' सूपधारी ने टोप तिरछी कर बड़ी दुष्टता से अम्मा को छेड़ा।

वह और भड़क गईं—'अय, निगोड़ी के सिर पर पटक आ। मुझे तो लगे है, खुद ही जल्दी-जल्दी अंडे देकर, अपने ही अंडे उठा लाई है।'

उस लम्बी उड़ान की मनहूसियत में मुझे उनकी वह परिहासरसिकता सहसा गुदगुदा गई। निश्चय ही इस आनन्दी स्वभाव की महिला से जहाजी

मैत्री बची-खुशी यात्रा की सारी नीरसता मिनटों में दूर कर देगी। मेरी यह दृढ़ धारणा है कि परिहासशून्य शुष्क व्यक्ति के साहचर्य का दुर्वह भार जहाँ कन्धे तोड़कर धर देता है, वहीं पर हँसने और हँसानेवाले सहयात्री का साथ सुदीर्घ यात्रा को भी सुखद बना देता है। एक परिवार के विषय में सुना था कि वहाँ के गृहस्वामी को छोड़ परिवार के अन्य सब सदस्य न हँसना जानते थे, न हँसाना। उस बौद्धिक गाम्भीर्य के अपच से जब गृहस्वामी के प्राण कंठगत होने लगे तो उन्होंने एक नवीन प्रयोग किया। नित्य खाने की मेज पर एक चुभता-चुटीला चुटकुला छेड़ देते, पर तब भी सब चुप, गुमसुम!

हारकर उन्होंने एक और समाधान ढूँढ़ निकाला। चुटकुला सुनाते और फिर गरजकर सबसे कहते, 'अंय्या हंसवानू छे' (यहाँ हँसना है) और सब जोर-जोर से हँसने लगते। इस सहयात्रिणी से, 'अंय्या हंसवानू छे' नहीं कहना पड़ेगा, यह मैं समझ गई। मेरे साथ नमकीन पिश्तों का डिब्बा धरा था। मैंने मुट्ठी-भर पिश्ते लिए और पीछे से हाथ डाल, उनके सम्मुख हँसकर मुट्ठी खोल दी, 'मेरे लिए भी यही अंगूरी अंडे लाई है। आप ये लें। मेरे पास कुछ काजू भी हैं। कॉफी मँगवा लेते हैं।'

'अय बहन, इधर आके बैठो, अपने वतन की जबान सुनते ही तो हमारी आधी भूख चली गई।' पिश्ते सहित मेरी मुट्ठी को बन्दी बनाकर उन्होंने सूपधारी को डपटकर मेरी सीट पर भेज दिया और मुझे अपने बगल की सीट पर खींच लिया।

मुझे तो हमेशा यही लगता है कि कुछ सम्बन्ध पूर्वजन्म के अवश्य होते हैं, जो इस जन्म में सामान्य-सा ही सामीप्य पाकर ठीक वैसे ही हरे होकर लहलहाने लगते हैं जैसे वर्षासिक्त सूखे पौधे। कुछ ही घंटों में हम दोनों को लग रहा था, जैसे हमारी मैत्री वर्षों की है, वह मैत्री जो बचपन में एकसाथ गिट्टे खेलकर गुड़िया का ब्याह कर, सावनी झूले की पैंग और मेहंदी की लाली रचाकर, सदा कच्ची सीमेंट पर खुदे अक्षरों-सी ही अमिट बनी रहती है। वह बार-बार मेरा हाथ दबाकर अपने अन्तरंग हृदयकक्ष से एक-से-एक गोपनीय फाइलें निकाल मुझे थमा रही थीं। कभी उनके सोने की कील जुड़े दाँतों पर झलकती निर्दोष हँसी मुझे मोह रही थी, कभी उन सुरमा-भरी आँखों की स्नेहपूर्ण चितवन।

'मैं तो तुम्हें देखते ही जान गई थी बहन, कि तुम हमारे यू.पी. की हो। अजी, मलीहाबाद के तीस-चालीस मील इधर और उधर के तो परिन्दे को भी

हम बोली से ही पहचान लें, फिर तुम तो लखनऊ की हो।'

सूपधारी सूप उतार बड़े आराम से दो सीटों के बीच का व्यवधान विलग कर पसर गया था।

मेरी सहयात्रिणी का मायका कभी मलीहाबाद में था, इसी से वे बार-बार मुझसे हर दशहरी के दरख्त की कुशल पूछ रही थीं—'अय बिन्नो, सुना है, अब दशहरी की गुठली उत्ती पतली नहीं रही। क्यों बहन, चौसा तो अब भी जुलाय तक बाजार में आता होगा? भई, हमें तो सफेदा पसन्द था। क्या खटमिट्ठा जायका और कैसी नफीस खुशबू! हमारे मामू के यहाँ एक ही आला पेड़ था सफेदे का, ऐसा उम्दा रंग और खुशबू कि उतरते ही पहला झौटा लाट साहब के लिए भेजा जाता था। बेहद पसन्द था उन्हें। फ्रांसिस वाली साहब थे तब बड़े लाट। मामू ने उस सफेदे का नाम रखा था फिरंगी सफेद।

जब उन्हें पता लगा कि मैं बेटे की शादी कर लन्दन से बहू लेकर लौट रही हूँ तो उन्होंने लपककर गर्दन फेर उन्हें देख लिया और मेरा हाथ थामकर बोलीं, 'अल्ला मियाँ, जोड़ी बनाए रखे। माशेअल्ला एकदम भाई-बहन लगे हैं। बड़ी छोटी उमर में शादी कर दी तुमने। ठीक ही किया बिन्नो, अक्लमन्दी का काम किया।'

'आपके साहबजादे की तो शादी हो चुकी होगी?' मैंने पूछा क्योंकि सूपधारी मुझे तीन बच्चों का बाप लग रहा था।

'नहीं'। सूपधारी मुझे आग्नेय दृष्टि से घूरता स्वयं तड़ाक से उठकर बैठ गया था, 'हम अभी पढ़ रहे हैं।'

'इनसे बड़े बेटे की शादी हो गई है। उसी के पास से तो लौट रही हूँ। अमरीका में है। इनसे छोटी बहन किराची में डाक्टरनी है। ये साहबजादे अभी पढ़ रहे हैं। असल में बचपन से ही इन्हें नजला रहता है। वही नजला दिमाग पर भी उतर आया है।' उन्होंने मेरे कान के पास मुँह सटाकर कहा, 'पढ़ने में इनकी तबीयत नहीं लगती।'

'कैसा लगा आपको वहाँ?'

'अय बहन लगना क्या? न हमें अंग्रेजी आती है, न बहू को उर्दू।'

'क्यों?'

'मेम है।' उन्होंने फिर अपना मुँह मेरे कान से सटा लिया।

'बेटा जिद कर वहीं पढ़ने गया था, वहीं घर भी बसा लिया। वैसे निकाह हमने किराची में ही करवाया। दोनों वहीं आ गए थे। इनके अब्बा तो बेहद

खफा थे। अब भी कौन खुश हैं! पर यह था कि लड़की ने इस्लाम कबूल कर लिया था। हैलेन नाम था, हमने हबीबा रख दिया। पर नाम बदलने से क्या होता है? अब तो चार साल हो गए हैं, अभी भी गोद सूनी है। हमने बेटे से कहा, बेटे, अल्ला मियाँ से दुआ माँगो, एक बेटा दे दें। तुनककर बोला, अम्मा, अल्ला मियाँ क्या देंगे? जब जी में आएगा, हम खुद ही बेटा पैदा कर लेंगे। अभी वक्त नहीं आया। हम दोनों नौकरी पर हैं, बच्चा कौन पालेगा? यहाँ क्या हमारी-तुम्हारी तरह बच्चे पाले जाते हैं? बच्चा पैदा करेंगे तो बेबी सिटर रखनी पड़ेगी और उसी में हमारा दिवाला निकल जाएगा। अब और सुनो बहन, पहले बेबी सिटर ढूँढ़ लें, तब कहीं बच्चा पैदा करें।'

एक लम्बी साँस खींचकर वे चुप हो गईं।

उनकी उदासी मिटाने मैंने चुपचाप अपने जर्दे की डिबिया खोलकर उन्हें पेश की।

'वाह बहन, सच पूछो तो इसी जर्दे की खुशबू से ही हम जान गए थे कि तुम लखनऊ की हो। बस, इसी खुशबू के लिए तो वहाँ तरसकर रह जाते हैं।' बड़ी नफासत से उन्होंने जर्दा निकाल पान में डाला और बीड़ा मुँह में धरा।

'क्यों, पाकिस्तान में जर्दा नहीं मिलता क्या?'

'अय बहन, कौन-सी चीज ऐसी है जो वहाँ नहीं मिलती! पर उस जर्दे में यह बात कहाँ? अब देखो, यह वलायत का बेहूदा पान एक डॉलर के 6 पत्ते पर तुम्हारा जर्दा डाला तो उसमें जान आ गई।'

'कितने दिन रहीं आप वहाँ?' मैंने पूछा। जर्दे का रंग उनकी आँखों में तिरने लगा था। मैं जान गई थी अब उनसे की गई प्रश्नोत्तरी और सरस हो उठेगी।

'पूरे चार महीने। मैं तो जाती भी नहीं बहन, पिछले साल नसीम गई, हमारी बेटी और लौटी तो बस, वहीं का बखान। वहाँ ये है, वहाँ वो है। अम्मी, आप ज़रूर जाइए। बहिश्त है बहिश्त! अजी, मैं कहूँ, भाड़ में जाए ऐसा बहिश्त—न हया, न शर्म, न बुजुर्गों का लिहाज। यही सब देख-देखकर तो इस सिरफिरे को भी पर लग गए हैं। जाते ही दम घुटने लगा था हमारा।'

जर्दे की तेजी अब उनके सुर्ख गालों पर भी बिखर आई थी। एक पल को उन्होंने पीक गुलगुलाकर असहाय दृष्टि से इधर-उधर देखा। उस अनजान समृद्ध बिरादरी में थूकने का प्रश्न ही नहीं उठता था। साहस कर उन्होंने मादक

पीक को फिर नीलकंठ की भाँति कंठ में ही गटक लिया। जर्दे का नशा अब जिह्वा को और मुखर बना उठा, 'पहले दिन पहुँची और जैसे-तैसे रात कटी। सुबह उठी तो देखा, नंगधड़ंग बहू चाय की ट्रे लिए सिरहाने खड़ी है। न जाने कैसे बित्ते-भर का, घुटनों तक का बेहूदा चोगा पहने थी। वह भी ऐसा महीन कि बस, अब क्या कहूँ। अल्लाह तौबा, हमें तो पसीना आ गया था बहन!

'हमने कहा, हबीबा, कुछ तो शर्म कर बेटी! पर वहाँ कहाँ हया और कहाँ लिहाज! बत्तीसी दिखाकर बोली—गुड मौर्निंग अम्मी!—हमने कहा—मौर्निंग तो तूने उठते ही चौपट कर दी, अब क्या गुड और क्या बैड।'

'इन लोगों को तो हमारी हिन्दुस्तानी पोशाकें बेहद पसन्द हैं। आप बहू के लिए नहीं लाईं क्या।'

'अजी लाई क्यों नहीं। बड़े प्यारे-प्यारे गरारे-कुर्ते-अँगरखे सिलाकर लाई थी। एक-दो दिन पहने और फिर जाने कहाँ ठूँस दिए।'

'आपके बेटे ने तो खूब घुमाया होगा आपको?' मैंने प्रसंग बदला।

'अय बहन, झूठ नहीं बोलेंगी हम, खूब घुमाया, एक-से-एक उम्दा तोहफे भी खरीदकर दिए।—जो जी में आए, बनाइए, खाइए अम्मीजान, और हमें भी खिलाइए। अच्छे खाने को तरस गए हैं।—अब तरसने से क्या होगा साहबजादे! हमने कहा—अपने पैरों पर तो खुद ही कुल्हाड़ी मारी है। ये चरी-भूसा, उबला घास-पात खाओगे तो तरसोगे जरूर, जिन्दगी-भर तरसोगे—फिर भी, औलाद की मुहब्बत बड़ी जालिम होती है बहन! उस निगोड़ी अटपटी आँच पर मुर्ग भी बनाया, बिरयानी, सेंवई, शीरमाल, कबाब, पसंदाटिक्का—सब बनाकर खिला आई बेटे को। पर एक तो वहाँ हलाल का गोश्त बड़ी दूर मिलता है, उस पर फ्रिज में अकड़ी रान को आप लाख भूनें, वह रंगत आ ही नहीं सकती जो ताजा जिबह किए बकरे की रान को भूँजने पर आती है।'

'आपकी बहू को भी मुगलई खाना जरूर पसन्द होगा?' मैंने छेड़ा।

'अय, पसन्द कैसे नहीं आता?' उनके खानदानी नथुने उत्तेजित होकर फड़फड़ाने लगे। 'उसके बाप-दादों ने भी कभी ऐसी मजे की भुनी रान खाई होगी? आँख-नाक से पानी बहा जाता, पर एक-एक बोटी चबा जाती—आह, डेलिशस अम्मी, सुपर्ब।' वे आँखें ऊपर चढ़ा बहू की मुग्ध मुद्रा का अपूर्व अभिनय कर मुझे हँसा गईं।

'तारीफ करने में उस कौम का जवाब नहीं है बिन्नो! अजी, कोई काम करवाना हो तो आपके पैर की जूतियाँ बनके बिछ जाएँगी। पर औलाद छीनने

में जादूगरनी होती हैं। बहन, यकीन मानो, सिर पर कील ठोंकी और बना दिया बकरा।'

'आप इतना सामान लाई हैं, वहाँ कोई बंदिश नहीं है क्या?' मैंने पूछा।

'अजी, कुछ भी नहीं। बस सूटकेस की ऊँचाई देखते हैं। जी में आए सो ले जाइए, उनकी बला से। वहाँ क्या किसी चीज की कमी है, अय बहन!' उन्होंने विह्वल होकर मेरा हाथ थाम लिया, 'तुम्हारी कसम, ऐसी नई-नई चादरें, तौलिए उठाकर बहू कूड़े में फेंक देती थी कि हमारा कलेजा मुँह को आ जाता था। गाड़ियाँ तो ऐसे बदलते हैं, जैसे रोजीना के कपड़े। और कपड़े? आज एक नया फैशन है तो दिन-डूबे दूसरा। अब हमारे ये साहबजादे ऐसी बीस कमीजें लाए हैं। हमने कहा भी कि बेटे, जरा सोच-समझ के ये नंगी कमीजें खरीदो। अब्बाजान, तुम्हारी पीठ पै ये मादरजाद नंगी जनाना देखेंगे तो पीठ की चमड़ी उतार देंगे। पर कहते हैं—अब्बाजान के सामने पहनेगा ही कौन?'

'आप अपने लिए क्या लाईं?' मैंने पूछा तो वे दोनों पैर सीट पर उठाकर बैठ गईं! 'अजी, हम क्या लातीं? अल्लाह का दिया सबकुछ है। इनके अब्बा का किराची में लाखों का बिजनेस है। एक बेटी है, वह खुद कमा रही है। ये साहबजादे हैं, कुछ भी नहीं करेंगे तब भी आराम से पड़े-पड़े निवाला तोड़ सकते हैं। हमें क्या लाना था वहाँ से? जिस मुल्क ने पलापलाया बेटा छीन लिया, वह तो अब हमारे लिए दुश्मन का इलाका है बहन!'

'ऐसा मत सोचिए।' मैंने कहा, 'लोग चाँद पर जाकर घर बसाने की सोचने लगे हैं, दुनिया बहुत बदल गई है। लाख फिरंगन हो, अब तो वह आपकी बहू है। कभी आप वहाँ जाएँगी, कभी वे दोनों आपसे मिलने यहाँ आएँगे।'

'अजी, कहने की बातें हैं। कौन आता है इतनी दूर? आए भी तो यूँ आए और यूँ गए।' उन्होंने मेरी नाक के नीचे अपनी गुदगुदी अँगुलियों से चुटकी बजाकर बहू-बेटे की आगमनी और प्रस्थान की साकार व्याख्या करके दिखा दी। 'आए तो कुछ दिन थकान उतारने में लगे, कुछ दिन नाते-रिश्तेदारों से मिलने में। कुछ दिन हिन्दुस्तानी खाना खाने में, कुछ दिन पचाने में, फिर बीमार पड़ गए। जिस हवा में पैदा हुए, पले, वही अब दुश्मन हो गई। वतन का पानी वाहियात, वतन की हवा वाहियात, वतन बीमारी का घर, गोया वतन न हो गया, हवालात हो गई। बस, फिर फुर्र से वहीं उड़ गए। इसे क्या तुम माँ-बाप से मिलना कहोगी?'

मैं क्या कहती?

करांची करीब आ रहा था। घंटों की मैत्री का अवसान आसन्न था। मन अचानक गहरी उदासी में डूब गया।

'वह बत्तियाँ देख रही हो? वही है किराची दरिया। यहाँ से नहीं दिखेगा। कभी किराची आओ तो तुम्हें दरिया की सैर कराने ले चलेंगी। जरूर आना बिन्नो, तुम्हें हमारे सिर की कसम। कैसे मजे में ये लम्बा सफर कट गया! सच कहती हूँ, मुझे तो यही लगा कि बरसों बाद मायके की किसी गुइयाँ से मिलकर बिछुड़ रही हूँ...!'

'इसे रख लीजिए, मुझे तो दिल्ली में उतरते ही यह मिल जाएगा।' मैंने अपने जर्दे की नन्ही डिबिया उन्हें थमा दी। 'जब-जब आप इस जर्दे को गुलगुलाएँगी, हमें याद तो कर लेंगी...'

'इंशाअल्लाह, ज़र्दा रहे न रहे, हम तुम्हें कभी भूलेंगी नहीं बिन्नो!' उन्होंने मुझे गले लगाकर डिबिया थाम ली। सूपधारी अधैर्य से टोप साधता आगे बढ़ गया था।

'किराची ज़रूर आना बहन, खुदा हाफिज!' और वे उतर गईं।

सीढ़ी से उतरती उस स्नेही सहयात्रिणी को मैं खड़ी-खड़ी देखती रही। पीछे मुड़कर उन्होंने बड़े जोश से हाथ हिलाकर मुझसे विदा ली। जब वह हिलता हाथ अदृश्य हो गया तो मुझे ध्यान आया कि न मैंने उनका पता लिया था, न उन्होंने मेरा।

वह 'लखनऊ' आईं तो मुझे किस नाम से, किस पते से ढूँढ़ेंगी! और मैं 'किराची' गई तो किस द्वार की घंटी बजाऊँगी? हम दोनों के बीच शायद रह जाएगी एक जर्दे की क्षीण स्मृति।

पर वह क्या कभी क्षीण होगी? स्वयं उन्हीं के शब्द मेरे कानों में गूँजने लगे, 'इंशाअल्लाह, ज़र्दा रहे न रहे, हम तुम्हें कभी भूलेंगी नहीं बिन्नो!'